《论语》里的成语

希苗文化/编写

中国和平出版社
China Peace Publishing House

图书在版编目（CIP）数据

《论语》里的成语 / 希苗文化编写. -- 北京：中国和平出版社，
2020.8
ISBN 978-7-5137-1797-7

Ⅰ.①论… Ⅱ.①希… Ⅲ.①儒家②《论语》–少儿读物③汉语–
成语–少儿读物 Ⅳ.①B222.2-49②H136.31-49

中国版本图书馆CIP数据核字(2020)第067226号

《论语》里的成语　　　　　　　　　　　　　　　　　　　希苗文化 / 编写

责任编辑	刘晓静
插　画	悦读阅美文化
责任印务	魏国荣
出版发行	中国和平出版社（北京市海淀区花园路甲 13 号院 7 号楼 10 层 100088）
	www.hpbook.com　hpbook@hpbook.com
发 行 部	（010）82093832　82093801（传真）
出 版 人	林　云
经　销	全国各地书店
印　刷	江西宏达彩印有限公司
开　本	720 mm×1000 mm　1/16
印　张	11
字　数	150 千字
印　量	1～10 000 册
版　次	2020 年 8 月第 1 版　2020 年 8 月第 1 次印刷
书　号	ISBN 978-7-5137-1797-7
定　价	32.00 元

饮水思源：寻找汉语成语的源流

汉语成语是在人们的交际中极为重要的表意符号。它们大都是四个字，信息容量却很大。成语使我们的表达言简意赅且生动有趣。打个比方，汉语成语类似于建筑工地上为建楼房预备的混凝土预制件，它们在房屋的建构中功不可没。难以想象，如果没有成语的加入，我们的作文会有多么平淡和拖沓。

然而，大家过去是否想过，汉语中这些浩浩荡荡、蔚然大观的成语，源头究竟在哪里？由于习焉不察，成语的"出身"往往被隐藏起来。我们在这方面关注一下便会发现，汉语成语在汇成"辞海"之前来自很多条支流。

支流一：跨越千年的古诗词中藏着不少成语。如常常出现在我们作文中的"欣欣向荣"，出自晋代诗人陶渊明的《归去来兮辞》；"秋高气爽"出自唐代诗人杜甫的《崔氏东山草堂》；"别有天地"出自唐代诗人李白的《山中问答》；"车水马龙"出自南唐词人李煜的《望江南》；"江山如画"出自宋代词人张孝祥的《水调歌头·桂林中秋》；"草长莺飞"出自清代诗人高鼎的《村居》。古诗词中飞来神笔的文字偶然相遇，形成组合，表达丰富的语义，成为汉语言社会用于交际的"预制件"。大量的语言实践，又赋予这些即兴的文字组合无穷的生命力。试想一下，不少耳熟能详的成语来自所处年代与我们相距遥远的诗人笔下。这些才华横溢的古人不仅为我们贡献了隽永的诗词，并且无意中为汉语成语大厦添砖加瓦。据不完全统计，杜甫大概是历代诗人中为我们贡献成语最多的诗人。这是不是奇妙的关联？

支流二：寓言也为我们贡献了不少成语。如"滥竽充数、缘木求鱼、守株待兔、对牛弹琴、掩耳盗铃、杯弓蛇影、画蛇添足、刻舟求剑"等成语源于有思辨色彩的古代寓言。由于这些寓言富含人生哲理和警世意义，原来寓言的命名逐渐演化为汉语成语。在整理过程中，我们发现一个有趣的现象：能派生出成语的寓言有近一半来自两千五百年前的春秋战国时代。那是一个用寓言说理的时代。

支流三：古代典籍也是汉语成语的发源地。我们常见的"旁若无人、毛遂自荐、破釜沉舟、利令智昏、因祸得福、随波逐流、一败涂地、指鹿为马"等成语竟然出自西汉司马迁的鸿篇巨制《史记》；"精益求精、患得患失、见义勇为、敬而远之、温故知新、循序渐进、如履薄冰、文过饰非"等成语则出自儒家经典《论语》。在漫漫的历史长河中，古人笔下的一些文字组合，经后人的辗转借用固定下来，成为熟语，由随机走向永恒，在现实生活中高效率地发挥着符号作用。

孩子们，汉语成语的支流还有很多，留待你们以后去探寻吧。语言符号构成了奥秘无穷、精彩纷呈的文字世界。许多成语犹如语言中的活化石。了解汉语成语的来龙去脉和形成的一些规律，将有助于你精准地理解成语、熟练地运用成语，让你在写作时妙笔生花。

目 录

哀而不伤

原文

子曰①："《关雎》②乐而不淫③，哀而不伤④。"

——《论语·八佾》

注释

①子：中国古代对有地位、有学问的男子的尊称，有时也泛称男子。《论语》中"子曰"的"子"，均指孔子。

②《关雎（jū）》：《诗经·国风·周南》中的一首诗，也是《诗经》的第一篇。

③淫：过分。

④哀：悲哀；伤：伤害。

成语小课堂

释　义　忧愁而不悲伤，形容感情有节制；另形容诗歌、音乐优美雅致，感情适度。比喻做事没有过头也无不及。

注　音　āi ér bù shāng

近义词 怨而不怒、恰如其分、恰到好处

反义词 哀毁瘠立、悲不自胜、哀痛欲绝、哀毁骨立

成语故事

《诗经》是中国古代诗歌开端，最早的一部诗歌总集，收集了西周初年至春秋中叶的诗歌305篇，《诗经》中的作品大多是流传各地的民歌，作者无法考证，但由孔子编订。

那《关雎》怎么就能列为《诗经》开篇第一首呢？我们先来看一下这首诗的内容。这首诗写的是一位男子在河边遇到一个采摘荇菜的姑娘，一见钟情，被姑娘的勤劳、美貌和娴静所打动，产生强烈的爱慕之情，由起初的"寤寐求之"的思慕，到求之不得"辗转反侧"，然后"琴瑟友之"亲近她，使她快乐，终于鼓乐娶之，宜其室家。这个过程虽然大多是想象中的，或者梦境中的，但却是完满的，充分表现了人们对美好爱情的向往和追求，突出表达了青年男女健康、真挚的思想感情。

孔子对《诗经》有总体的评价："《诗》三百，一言以蔽之，曰：'思无邪。'"并教育弟子读《诗经》以作为立言、立行的标准。

孔子虽然编定了《诗经》，但很少对具体作品加以评论，《关雎》是个例外。孔子对《关雎》的评价是"乐而不淫，哀而不伤"，不论是欢乐还是悲伤，感情是真实的，但又是有节制的。不论是情感还是实际生活，凡事讲求适度，也就是《中庸》里所说"中庸其至矣乎"。这种审美的标准和生活态度，影响了中国数千年，所以也就不难理解为何将《关雎》放在《诗经》首篇了。

这段文字中，"乐而不淫"也是一个成语，与"哀而不伤"类似，都表示节制而有分寸。

成语接龙

哀而不伤——伤天害理——理直气壮——壮志凌云——
云淡风轻——轻举妄动——动辄得咎——咎由自取——
取之不尽——尽如人意——意料之中——中流砥柱

饱食终日

原文

子曰："饱食终日①，无所用心，难矣哉！不有博弈②者乎？为之犹贤③乎已。"

——《论语·阳货》

注 释

①终日：整天。

②博弈：下棋。博：局戏；弈：围棋。

③贤：胜过。

成语小课堂

释 义　整天吃得饱饱的，什么事也不干。

注 音　bǎo shí zhōng rì

近义词 游手好闲、无所事事、好逸恶劳

反义词 废寝忘食、夜以继日、事必躬亲

成语故事

孔子是中国历史上最伟大的教育家，被尊为"万世师表"。相传他有弟子三千，其中贤人七十二，不少人都成为栋梁之材。但教育是需要教学双方配合的，有好的老师，还要有好教的弟子。孔子主张有教无类，不管什么人，都可以接受教育，所以他招来的学生，资质也参差不齐。孔子有个学生叫宰予，人也算是聪明，但他不像大多数弟子那样对老师毕恭毕敬，甚至大白天

睡觉。一向温文尔雅的孔老夫子也大动肝火，怒斥道："朽木不可雕也，粪土之墙不可圬也！"

孔子不是针对宰予个人，而是对浪费时间这种行为深恶痛绝。他曾站在河岸上，看着浩浩荡荡、汹涌向前的河水感慨道："逝者如斯夫，不舍昼夜。"这句话的意思是，时间就像这奔流的河水，不论白天黑夜不停地流逝，再不回来。

所以孔子说，如果一个人一天到晚吃得饱饱的没事可干，不去用心思考问题，那就难以造就了。闲下来的时候，可以下棋消遣，这样比起饱食终日、无所用心的人来说，不是强多了吗？

成语接龙

饱食终日 → 日理万机 → 机不可失 → 失道寡助 →
助人为乐 → 乐极生悲 → 悲欢离合 → 合情合理 →
理屈词穷 → 穷则思变 → 变幻无常 → 常胜将军

不敢问津

原文

长沮、桀溺耦而耕①，孔子过之，使子路问津焉。

长沮曰："夫执舆②者为谁？"子路曰："为孔丘。"曰："是鲁孔丘与？"曰："是也。"曰："是知津③矣。"

问于桀溺。

桀溺曰："子为谁？"曰："为仲由。"曰："是鲁孔丘之徒与？"对曰："然。"曰："滔滔者，天下皆是也，而谁以④易之？且而，与其从辟人之士也，岂若从辟世之士哉？"耰⑤而不辍。

子路行以告。夫子怃然⑥曰："鸟兽不可与同群，吾非斯人之徒与而谁与？天下有道，丘不与易也。"

——《论语·微子》

注释

①长沮、桀溺：两位隐士，真实姓名和事迹不详。耦而耕：两人各执一耜，一起耕作。

②执舆：执辔，手持马缰绳。

③知津：这是讽刺孔子的话，意为孔子长期周游列国，应该熟知渡口。

④以：与。

⑤耰（yōu）：用土覆盖种子。

⑥怃（wǔ）然：怅然失落的样子。

成语小课堂

释　义　原指不敢询问渡口，问路。引申为对高贵的、深奥的事物不敢过问或尝试。

注　音　bù gǎn wèn jīn

近义词 因循守旧、一成不变、安守本分
反义词 敢作敢为

成语故事

　　为了推行自己的政治理想，孔子风尘仆仆，周游列国，然而处处碰壁。其实，不光是诸侯不愿意真正实施孔子克己复礼那一套，民间的人士对孔子也非常不理解。有两位隐士，一个叫长沮，一个叫桀溺，一同在田野耕作。孔子一行经过时迷失了方向，让子路去问他们渡口在哪里。

　　子路走上前，恭敬行过了礼，先向长沮询问。

长沮没有回答，反问道："车上手持马缰绳的那个人是谁？"

子路说："是孔丘。"

长沮又问："是鲁国的孔丘吗？"

子路说："是的。"

长沮说："他那么有本事，自己就该知道渡口在哪里呀。"

子路碰了个钉子，转而又去问桀溺。

桀溺问道："你是谁呀？"

子路说："我是仲由。"

桀溺又问："是那孔丘的弟子吗？"

子路回答说："是的。"

桀溺说："天下已经大乱，好像滔滔的洪水，泛滥成灾，谁又能改变得了呢？你与其跟着孔丘那种躲避坏人的人，还不如跟着我们这些避世隐居的人。"他一边说，一边不停地往种子上盖土。

子路回来把这些话告诉孔子，孔子知道那是两个出世的高人，道不同不相为谋，怅然若失地说："人是不能与飞禽走兽合群共处的，如果不与世上的人待在一起，又能和谁待在一起呢？若天下都太平了，我也不会与你们一起为了改变现状而四处奔波了。"

成语接龙

不敢问津 → 津津乐道 → 道听途说 → 说一不二 →
二三其德 → 德高望重 → 重于泰山 → 山高水长 →
长驱直入 → 入木三分 → 分秒必争 → 争先恐后

不亦乐乎

原文

子曰："学而时习①之，不亦说②乎？有朋③自远方来，不亦乐④乎？人不知而不愠⑤，不亦君子⑥乎？"

——《论语·学而》

注释

①习：指演习礼、乐；复习诗、书，也含有温习、练习的意思。

②说：通"悦"，愉快、高兴。

③有朋：一本作"友朋"。旧注说，"同门曰朋"，即同在一位老师门下学习的叫"朋"，也就是志同道合的人。

④乐：与"说"有所区别。旧注说，悦在内心，乐则见于外。

⑤愠（yùn）：恼怒，怨恨。

⑥君子：《论语》中的君子，有时指有德者，有时指有位者。此处指孔子理想中具有高尚人格的人。

成语小课堂

释 义 不是很令人高兴吗？也表示事态发展已达到极限或过甚的程度，并带有诙谐的意味。

注 音 bù yì lè hū

近义词 喜不自禁

反义词 灰心丧气

成语故事

打开《论语》第一章第一节，孔子用相同的句式说了三件事："学了又时

常温习和练习，不是很愉快吗？有志同道合的人从远方来，不是很令人高兴吗？人家不了解我，我也不怨恨、恼怒，不正是一个有德的君子吗？"

就文字上说，这三句话并不难理解，所讲述的道理，似乎也不是特别深奥，但为什么能居于卷首呢？千百年来，一直有人提出这样的疑问，也有人提出了不同的解说。首先"学"字，作为动词是"学习"，但也可以作为名词，那就是"学术""观点""思想"。然后是"时"字，并非作为副词的"经常"，而解释为"时代""社会"。接着是"习"，那就不是"温习"，而是"运用""实践"。这样的话，第一句的解释就成了：自己的思想、观点，被社会所采纳、运用，不是一件很令人愉快的事情吗？

再看第二段，"有朋"通"友朋"。汉代学者认为，"同门曰朋"，即同在一位老师门下学习的叫"朋"，也就是志同道合的人。所以从远方来的不是一般的朋友，而是志同道合者，前来切磋、请教。

这样三句话的意思就前后贯通了：自己的思想观点，要是被社会采用了，那就太高兴了；退一步说，要是没被社会所采用，但得到志同道合的朋友的赞同，不顾路途遥远前来切磋请教，我也感到很快乐；再退一步说，即使社会不采用，人们也不能理解我，我也不怨恨，这样做，不也是君子吗？

这不正是为了实现自己的理想不屈不挠、坚持不懈，始终保持君子修养的孔子的自身写照吗？也正因为如此，宋代大儒朱熹对此章评价极高，说它是"入道之门，积德之基"。

当然这只是一家之言，并不一定正确，但对于读书这件事情而言，套用孔老夫子的话，"不亦乐乎"。

成语接龙

不亦乐乎 → 呼之欲出 → 出其不意 → 意味深长 →
长久之计 → 计功行赏 → 赏罚分明 → 明辨是非 →
非同小可 → 可歌可泣 → 泣不成声 → 声情并茂

不忮不求

原文

子曰："衣敝缊袍①，与衣狐貉②者立，而不耻者，其由也与！""不忮不求，何用不臧？③"子路终身诵之。子曰："是道也，何足以臧④？"

——《论语·子罕》

注释

①衣：穿，当动词用。敝缊（yùn）袍：这里指破旧的丝绵袍。敝：坏。缊：乱絮。古无木棉，袍皆以絮。絮之好者称绵，如今之丝绵。

②狐貉：用狐和貉的皮做的裘皮衣服。

③不忮（zhì）不求，何用不臧：出自《诗经·邶风·雄雉》。忮：妒忌；求：欲求，这里指贪婪。

④臧：善，好。

成语小课堂

释　义　不妒忌不贪婪。
注　音　bù zhì bù qiú

近义词 高风亮节
反义词 贪得无厌、见钱眼开

成语故事

子路是孔子的得意门生之一，有一天孔子对人说："穿着破旧的丝绵袍子，与穿着狐貉皮袍的人站在一起而不觉得自惭形秽的，大概只有仲由（字子路）吧。就像《诗经》上说的：'不忮不求，何用不臧？'"

子路十分在意老师对自己的评价，得知此事后就经常把那句诗挂在嘴边，

反复地背诵。那句诗出自《诗经·邶风·雄雉》："百尔君子，不知德行。不忮不求，何用不臧？"意思是说，那些在位的君子老爷，不知我的丈夫品德高尚。他不妒忌又不贪婪，却为何没有好结果？这是一首征夫怨妇的诗，表现一位丈夫久役不息的妻子，对远方丈夫的无尽怀念。最后那几句，是对贪婪的当权者造成他们夫妻分离而提出的婉转抗议。而"不忮不求"，确实是难得的好品德，一般人不容易做到，但子路当之无愧，所以孔子这样说他，他难免有几分得意。

孔子知道后直摇头，说："只是做到这些，怎么能说够好了呢？"

这一褒一贬，正体现了孔子对他的弟子的期待。孔子希望他的弟子拥有高尚的品德，但又不能就此满足，还要有更远大的志向，成就一番大事业。

成语接龙

不忮不求 → 求之不得 → 得不偿失 → 失道寡助 →
助人为乐 → 乐此不疲 → 疲于奔命 → 命若悬丝 →
丝丝入扣 → 扣人心弦 → 弦外之音 → 音容笑貌

不耻下问

原文

子贡问曰:"孔文子^①,何以谓之'文'^②也?"子曰:"敏而好学^③,不耻下问,是以谓之'文'也。"

——《论语·公冶长》

注 释

①孔文子:卫国大夫孔圉(yǔ),死后谥"文"。
②谓之文:这里指得到"文"的谥号。
③敏而好学:天资聪明而又勤奋好学。敏:聪明;好:喜好。

成语小课堂

释 义 指不以向学问或职位较低的人请教为耻。

注 音 bù chǐ xià wèn

近义词 谦虚谨慎、功成不居、敏而好学

反义词 好为人师、骄傲自满、居功自傲、自以为是

成语故事

卫国大夫孔圉去世了,卫国国君为了让后人记住他的功绩,赐给他一个"文"字为谥称号。后人就尊称他为孔文子。

这"文"字可不一般。经纬天地曰"文",道德博厚曰"文",慈惠爱民曰"文",勤学好问曰"文"。孔子的学生子贡也是卫国人,他认为孔圉配不上那样高的评价。有一次,他问孔子说:"孔圉虽然有学问,但他人品不行,凭什么得到'文'的谥号?"

这孔圉是个强悍之臣，孔子对他还是很了解的。当初，太叔疾娶了宋国公子子朝的女儿，她的妹妹随嫁。后来，子朝因故逃出宋国。孔圉就让太叔疾休了子朝的女儿，然后把自己的女儿孔姞（jí）嫁给了太叔疾。但太叔疾却派人把他前妻的妹妹弄出来，安置在"犁"这个地方，金屋藏娇，俨然就是他的第二个妻子。孔圉为此大为恼怒，准备派兵攻打太叔疾。孔子劝说孔圉打消这个念头。最后孔圉把女儿孔姞强行要了回去，将她嫁给了太叔疾的弟弟遗。作为一个臣子，以下乱上，还随意将女儿嫁来嫁去，这都是不符合"礼"的行为，所以子贡对他得到"文"这一谥号不服气也很好理解。

　　孔子想了一下，说道："孔圉天资聪明而又勤奋好学，位高权重而又不耻下问，难能可贵。勤学好问曰文，他担得起这个'文'字。"

　　经过孔子这样一解释，子贡自然也就服气了。其实，孔子还是很欣赏孔圉的。有一回，孔子因一时激愤，说卫灵公无道。一旁的季康子说："既然如此，为什么他还没有败亡呢？"孔子沉吟片刻，说："他有孔圉接待宾客，祝鲍管理宗庙祭祀，王孙贾统率军队，如此这般，怎么会轻易败亡呢？"可见孔子是将孔圉当成安邦定国的能臣了。

成语接龙

不耻下问 → 问心无愧 → 愧不敢当 → 当务之急 →
急流勇退 → 退避三舍 → 舍生忘死 → 死得其所 →
所作所为 → 为渊驱鱼 → 鱼贯而入 → 入木三分

察言观色

原文

子张问:"士,何如斯可谓之达①矣?"

子曰:"何哉,尔所谓达者?"

子张对曰:"在邦必闻②,在家③必闻。"

子曰:"是闻也,非达也。夫达也者,质直而好义,察言而观色,虑以下人④,在邦必达,在家必达。夫闻也者,色取仁而行违,居之不疑,在邦必闻,在家必闻。"

——《论语·颜渊》

注释

①达:通达,显达。

②邦:指诸侯国。闻:有名望。

③家:旧注指卿大夫的封地,现可泛指家居或在家族中。

④下人:对人谦恭有礼。下:动词。

成语小课堂

释 义 观察言语脸色来揣摩对方的心意。察:详审。

注 音 chá yán guān sè

近义词 鉴貌辨色、观风问俗

反义词 不识时务、一成不变

成语故事

子张向老师请教:"士要怎样才可以被称为'达'?"

孔子反问道："你说的'达'是什么意思？"

子张答道："在国君的朝廷里为官，必定有名望；在卿大夫的封地里任职，也必定有名声。"

孔子说："这只是'闻'，不是'达'。所谓'达'，是要品质正直，遵从礼义，善于揣摩别人的话语，观察别人的脸色，经常想着谦恭待人。这样的人，就可以在国君的朝廷和大夫的封地里通达。至于'闻'，是只有虚假名声的人，外表上装出仁的样子，而行动上却违背了仁，自己还以仁人自居不惭愧。尽管他在国君的朝廷里和大夫的封地里都有名声。"

孔子将表面上容易混淆的"闻"与"达"加以严格区别。"闻"只是外在的名声，可能是虚假的，所以不能称之为显达；而"达"则是植根于内在的修养，要求士大夫必须具备仁、义、礼的德性，使之名实相符，表里如一。

成语接龙

察言观色 → 色胆包天 → 天长地久 → 久负盛名 →
名存实亡 → 亡羊补牢 → 牢不可破 → 破旧立新 →
新仇旧恨 → 恨之入骨 → 骨肉分离 → 离心离德

从心所欲

子曰："吾十有①五而志于学，三十而立②，四十而不惑③，五十而知天命④，六十而耳顺⑤，七十而从心所欲不逾矩⑥。"

——《论语·为政》

①有：同"又"。

②立：站得住的意思。

③不惑：掌握了知识，不被外界事物所迷惑。

④天命：指不能为人力所支配的事情。

⑤耳顺：对此有多种解释。一般而言，指对那些于己不利的意见也能正确对待。

⑥逾：越过。矩：规矩。

成语小课堂

释　义　按照自己的意思，想怎样便怎样。现常用作"随心所欲"。

注　音　cóng xīn suǒ yù

近义词　称心如意、如愿以偿

反义词　事与愿违、身不由己

成语故事

孔子说："我十五岁立志于学习；三十岁能够自立；四十岁能不被外界事物所迷惑；五十岁懂得了天命；六十岁能正确对待各种言论，不觉得不顺耳；七十岁能随心所欲，而不越出规矩。"

孔子将自己的人生分成不同的阶段，随着自身的学习和修养，境界逐步提高。其中四十岁之前，主要是个学习的过程，从外界接受知识和规范，丰富充实自己。五十、六十岁是安心立命的阶段，完成了对外部世界与自我的认知，不再受环境的左右。到了七十岁，达到了精神自由的阶段，主观意识和社会规则融合为一，可以随心所欲，这就是人生的最高境界了。

　　这也印证了孔子认为"自己不是生而知之"的观点，无论是道德修养还是学识成就，都是一个不断学习、不断实践、循序渐进的过程。

成语接龙

从心所欲──→欲壑难填──→填街塞巷──→巷尾街头──→
头头是道──→道听途说──→说三道四──→四海为家──→
家长里短──→短兵相接──→接二连三──→三心二意

笃信好学

原　文

子曰："笃信①好学，守死善道。危邦不入，乱邦②不居。天下有道则见③，无道则隐④。邦有道，贫且贱焉，耻也；邦无道，富且贵焉，耻也。"

——《论语·泰伯》

注　释

①笃信：忠实地信仰。

②乱邦：指内部动乱的国家。

③见（xiàn）：通"现"，这里指出来做官。

④隐：退隐，指不出来做官。

成语小课堂

释　义　指对道德和事业抱有坚定的信心，勤学好问。

注　音　dǔ xìn hào xué

近义词 笃志好学

反义词 一曝十寒

成语故事

孔子招收弟子，传授学问，是要让他们学好本事，服务于社会。然而，学好了本事，能否为社会所用，并不取决于自身，而是由当时的社会环境决定的，所以孔子给弟子们传授了为官之道："天下有道则见，无道则隐""用之则行，舍之则藏"。君子立身处世，应该好学不倦，诚信谨守仁道，对于

善道要能坚守至死。那些遭受外敌压迫岌岌可危的国家，不能轻易进入；那些内部纷乱，争权夺利的国家，要趁早离去。天下有道，政治清明之时，应该为国家服务，有所作为；天下无道，政治大乱，不能有所作为时，就该隐居。国家政治清明时，仍然贫穷卑贱不能有所作为，那是可耻的；反之，国家政治混乱时，不肯退隐，仍然居高位又富有，更是可耻的。在这里，孔子将个人的贫贱荣辱与国家的兴衰存亡联系在一起，认为这才是为官的基点。

成语接龙

笃信好学——→学富五车——→车水马龙——→龙腾虎跃——→
跃马扬鞭——→鞭长莫及——→及时行乐——→乐此不疲——→
疲于奔命——→命在旦夕——→夕阳西下——→下不为例

待价而沽

原　文

子贡曰："有美玉于斯①，韫椟②而藏诸？求善贾而沽③诸？"子曰："沽之哉！沽之哉！我待贾者也。"

——《论语·子罕》

注　释

①于斯：于此，在这里。
②韫：收藏。椟：木匣。
③贾：通"价"，商人，古时特指设店售货的坐商。沽：卖。

成语小课堂

释　义　等有个好价钱就卖出去。比喻谁给好的待遇就替谁工作。
注　音　dài jià ér gū

近义词　囤积居奇、奇货可居
反义词　坐失良机

成语故事

春秋时期，孔子带领弟子到各国去游说推行他的政治主张，可是一直得不到真正的赏识，但他并不灰心，相信自己一定会有机会。

有一天，一直追随在孔子身边的子贡向他提问："如果这里有块美玉，是把它放在匣中收藏起来，还是找个识货的商人卖了它？"孔子说："卖掉它啊！卖掉它啊！我正等待识货的人。"

其实子贡这里用的是隐语，美玉并不是真正的玉，而是比喻卓越的才能和高尚的品德。所以子贡实际上是在问："老师您有这么好的才能和品德，是

留着孤芳自赏呢，还是愿意用它来为世人效劳呢？"孔子当然心领神会，积极出世的他不假思索地回答道："我当然是愿意出来为世人效劳。不过我得找一个重用我的国君。"

可惜的是，在礼崩乐坏的春秋末期，当政者都不欣赏孔子的观点。孔子至多也只是当了鲁国的司寇，而且时间很短，根本无法施展他的政治才能。与之形成鲜明对比的则是他的弟子子贡，子贡在政治、外交等方面的才能更为当时的社会所接受，这也正是在孔子去世后的一段时间，不少人认为子贡比孔子更厉害的原因。

成语接龙

待价而沽 → 沽名钓誉 → 誉满天下 → 下不为例 →
例行公事 → 事不关己 → 己溺己饥 → 饥不择食 →
食不下咽 → 咽苦吐甘 → 甘之如饴 → 饴含抱孙

登堂入室

原　文

子曰："由之瑟①，奚为于丘之门②？"门人不敬子路。子曰："由也升堂矣，未入于室也。"

——《论语·先进》

注　释

①由：仲由，字子路，又字季路。"孔门十哲"之一。瑟：一种古代弦乐器，与古琴相似，最早的瑟有五十弦，故又称"五十弦"；后为二十五根弦。

②奚为于丘之门：为什么在我这里弹呢？奚：为什么；为：弹瑟。

成语小课堂

释　义　原来比喻学习所达到的境地有程度深浅的差别，后来多用以赞扬人在学问或技能方面有高深的造诣。比喻学识或技能由浅入深，循序渐进，逐步达到很高的成就。

注　音　dēng táng rù shì

近义词 渐入佳境

反义词 歧路亡羊

成语故事

孔子听到子路在弹瑟，说道："这个子路啊，为什么在我门下弹瑟呢？"好像子路的行为辱没了师门，言辞中很有几分不屑。

子路是孔子的高足，心直口快，性格刚强。他武艺出众，是孔子周游列国时的开路先锋、贴身护卫。

　　子路是尚武之人，对读书与音乐，都不是很感兴趣。但在当时，音乐绝非单纯的娱乐，而是一个人修养的重要标志。因此，投身于孔门，音乐也是必修课。在《孔子家语》中，有一段这样的记载：有一回子路在弹琴，孔子听了，对冉有说："这个仲由啊太不成器了！君子的音乐，温柔中正，以滋养万物，忧愁的感情不存在于心，凶暴的情绪不附于身，这就是太平盛世之风。而小人的音乐，嘈杂喧嚣，以表现杀伐征战，这便是乱世之风。当初舜帝奏五弦琴，创作了《南风》，化解百姓的忧愁，增加百姓的财富，迅速成为一代圣明之主。而殷纣王虽然贵为天子，却喜好杀伐征战之音，所以他的灭亡也非常快。这不都是由他们自身的修养所决定的吗？仲由啊！现在你一介平民，无视先王的礼制，沉湎于亡国之声，如何保全你六七尺的身体呢？"

　　冉有把孔子的话告诉了子路，子路听后心里既害怕又后悔，静坐思考，不吃不喝，以致瘦得只剩一把骨头。孔子知道了又说："有过错能够改正，这也是进步啊！"

　　琴声最直接表达心声，孔子正是听出了子路琴声中的杀气，才对子路不满，为子路忧虑的。

　　而这一回，其他弟子听到孔子对子路的评价后，便对这位兄长不大尊重，轻视子路。孔子知道后，又马上为子路说话："仲由已经进入厅堂了，只是还没有进入内室而已。""登堂""入室"，是个由浅入深的问题。"登堂"是已经摸到了门径，只要自己努力，便可以"入室"，所谓的"师父领进门，修行靠自身"，是不应该被轻视的。

成语接龙

登堂入室 —→ 室徒四壁 —→ 壁垒森严 —→ 严阵以待 —→
待字闺中 —→ 中原逐鹿 —→ 鹿死谁手 —→ 手忙脚乱 —→
乱臣贼子 —→ 子为父隐 —→ 隐姓埋名 —→ 名不虚传

肥马轻裘

原文

　　子华①使于齐，冉子②为其母请粟③。子曰："与之釜④。"请益，曰："与之庾⑤。"冉子与之粟五秉⑥。子曰："赤之适齐也，乘肥马，衣轻裘。吾闻之也，君子周⑦急不继富。"

——《论语·雍也》

注　释

　　①子华：公西赤，子华是他的字，孔子的学生，"孔门七十二贤"之一，善于交际，比孔子小42岁。

　　②冉子：冉求，字子有，称冉有。"孔门十哲"之一，多才多艺。

　　③粟：在古文中，"粟"与"米"连用时，粟指带壳的谷粒，去壳以后叫作"米"；"粟"字单用时，就是指米了。

　　④釜：古代量器名，一釜约等于六斗四升。

　　⑤庾：古代量器名，一庾约等于二斗四升。

　　⑥秉：古代量器名，一秉为十六斛，一斛为十斗。

　　⑦周：周济、救济。

成语小课堂

　释　义　骑肥壮的马，穿轻暖的皮衣。形容阔绰。

　注　音　féi mǎ qīng qiú

　近义词　腰缠万贯、富埒王侯、积玉堆金
　反义词　家徒四壁、衣衫褴褛、一贫如洗

在孔子的举荐之下，他的弟子公西赤奉旨出使齐国。考虑到自己出去的时间较长，家中的老母亲先要安顿好，公西赤委托自己的师兄冉求向老师讨要一些粮食，以备不时之需。

冉求十分能干，担任孔府的管家。他帮公西赤向孔子提出请求，孔子就说："你从库里支取一釜米，给他家送去吧。"冉求觉得不妥，又说道："公西赤这趟出去可能要很长时间，要不再加一点儿吧？"孔子说："那就再给添上一庾吧。"

冉求还想再说什么，但见到孔子不大想搭理他了，便退了出来，心里想道：老师也实在太小气了吧，这回公西赤代表君王出使，风风光光的，但就给他家那么点儿米，传出去也不好听。于是冉求不等孔子发放，自作主张，私自给了公西赤一秉粮食，是孔子答应数量的十多倍。

这事当然也瞒不过孔子，后来他知道了这件事，语重心长地对冉求说："公西赤这次出使齐国，乘的是肥马拉的香车，穿的是轻暖的皮裘，应有尽有，还有什么可担心的呢？咱们库房中虽然不缺粮食，那也要周济人们急需，雪中送炭用，而不是给富人锦上添花啊！"

成语接龙

肥马轻裘 → 裘马声色 → 色胆包天 → 天伦之乐 →
乐极生悲 → 悲痛欲绝 → 绝处逢生 → 生龙活虎 →
虎虎生威 → 威风八面 → 面红耳赤 → 赤胆忠心

犯上作乱

原文

有子①曰："其为人也孝弟②，而好犯上者③，鲜④矣。不好犯上，而好作乱者，未之有也⑤。君子务本⑥，本立而道⑦生。孝弟也者，其为仁之本⑧与？"

——《论语·学而》

注释

①有子：孔子的学生，姓有，名若。在《论语》中，孔子的学生一般都称字，而有若称"子"，可见其身份不一般。

②孝弟：儒家特别提倡的两个基本道德规范。旧注说：善事父母曰孝，善事兄长曰弟。弟：通"悌"。

③犯：冒犯、干犯。上：指在上位的人。

④鲜：少。

⑤未之有也："未有之也"的倒装句型。

⑥务：专心、致力于。本：根本。

⑦道：这里是指孔子提倡的仁道，即以仁为核心的整个道德思想体系及其在实际生活中的体现。

⑧为仁之本：即以孝悌作为"仁"的根本。"仁"是孔子哲学思想的最高范畴，也是伦理道德准则。

成语小课堂

释 义 冒犯上司，造反作乱。封建社会一般指百姓的反抗、起义。

注 音 fàn shàng zuò luàn

近义词 违法乱纪、大逆不道

反义词 安分守己

成语故事

有子是孔子的得意门生，他说："一个人在家能孝顺父母，顺从兄长，出来做事却喜欢冒犯上级，这样的人是很少见的。不喜欢冒犯上级，却喜欢造反作乱的人，是根本不存在的。君子专心致力于根本的事务，根基牢固了，治国做人的原则也就有了。孝顺父母、顺从兄长，这就是仁的根本啊！"

人们如果能够在家中对父母尽孝，对兄长顺服，那么他在外就可以对国家尽忠，忠以孝悌为前提，孝悌以忠为目的。儒家认为，在家中实行了孝悌，统治者内部就不会发生"犯上作乱"的事情；再把孝悌推广到民众之中，民众也会绝对服从，而不会起来造反，这样就可以维护国家和社会的安定。

将孝悌当作仁的根本，有子确实是继承了孔子的衣钵。有子勤奋好学，能较全面深刻地理解孔子的学说。当孔子去世后，孔门弟子失去了依傍，曾一度将有子推举为师，并以师礼事之。但有子终究不是孔子，无法像孔子那样答疑解惑，又被赶下位来。不过有子的思想很接近孔子，这是事实。后来还有人说，《论语》主要是由有子的学生编辑而成的。

成语接龙

犯上作乱 → 乱臣贼子 → 子虚乌有 → 有言在先 →
先见之明 → 明察秋毫 → 毫不在意 → 意味深长 →
长久之计 → 计上心头 → 头头是道 → 道听途说

犯而不校

原　文

曾子曰:"以能问于不能,以多问于寡,有若无,实若虚,犯而不校①。昔者吾友②,尝从事于斯矣。"

——《论语·泰伯》

注　释

①校(jiào):通"较",计较。

②吾友:我的朋友。旧注上一般都认为这里指颜渊。

成语小课堂

释　义　受到他人的冒犯或无礼也不计较。

注　音　fàn ér bù jiào

近义词　唾面自干、逆来顺受

反义词　针锋相对、以牙还牙

成语故事

曾子曾经这样对人说:"自己有才能却向没有才能的人请教,自己知识多却向知识少的人请教;明明满腹经纶却像没学问一样,明明知识很充实却好像所知甚少;被人冒犯却不计较——从前我的朋友就这样做过了。"

前人认为,曾子这段话说的是颜回。颜回是孔子最得意的门生,他虚怀若谷,谦逊好学,善于向老师学习,完全秉承了孔子的思想学说,还能够像老师所说的那样——"三人行,必有我师",向在学业和能力上不如自己的人学习。每个人能力大小、知识多寡都是相对的,始终保持谦虚不自满的态度,

是不断进步的根本保证。至于"犯而不校"，则是表现出一种宽阔的气度和忍让的精神，但这也是不容易做到的。它需要深厚的个人修养与温和包容的秉性。

成语接龙

犯而不校 → 校短量长 → 长久之计 → 计上心头 →
头头是道 → 道听途说 → 说一不二 → 二龙戏珠 →
珠光宝气 → 气味相投 → 投机取巧 → 巧夺天工

斐然成章

原文

子在陈①，曰："归与！归与！吾党之小子②狂简③，斐然成章④，不知所以裁⑤之。"

——《论语·公冶长》

注释

①陈：古国名，大约在今河南省东部和安徽省北部一带。

②吾党：我的故乡。党：古代以五百家为一党。小子：指孔子在鲁国的学生。

③狂简：志向远大但行为粗率简单。

④斐：有文采的样子。章：有条理的花纹。

⑤裁：裁剪，节制。

成语小课堂

释　义　形容文章富有文采，很值得看。

注　音　fěi rán chéng zhāng

近义词　字字珠玑、奇文瑰句、情文并茂
反义词　词不达意、废话连篇、平铺直叙

成语故事

孔子周游列国，在各地奔波了十多年，没能找到实现他理想的场所。他越来越多地考虑返回故国，著书立说，教导弟子，将希望寄托于后人。他在陈国的时候，鲁国季康子执政。季康子想请孔子的弟子冉求回去，帮他办理

43

政务。孔子说："回去吧！回去吧！鲁国的弟子有远大志向，但行为粗率简单；有文采，但还不知道怎样来节制自己。"

于是，冉求等人先行返回了鲁国。当时，齐国入侵鲁国，鲁国毫无斗志。鲁国的军队掌握在"三桓"（春秋时鲁国大夫孟孙氏、叔孙氏、季孙氏都是鲁桓公的后代，故有此称）手中，季氏有左师，孟氏有右师。季康子让冉求统帅自己的左师，孟氏以宗主的儿子孟孙彘统帅右师。在孟氏的右师溃不成军被齐军追着来打时，冉求勇敢无畏、身先士卒，率领左师杀入敌阵，稳住了局面。到了晚上，齐军见无法取胜，便悄悄地撤退了。其后，吴国出兵，鲁人帮助吴军攻打齐军，取得了艾陵之战的胜利。

孔子知道了弟子冉求、樊迟英勇奋战，建立战功，也非常高兴，称赞他们"义也"。

而季康子，回想起当初孔子在鲁国执政，曾不战而屈人之兵，不费一兵一卒从齐国手中夺回失地，再看今日他的弟子又助鲁国击退强敌，觉得孔子并非只是迂腐，他的学说也还是管用的。冉求看准时机，请季氏让孔子回国。季康子同意了，派人带上重礼，将孔子迎回鲁国。

阔别十四年之后，被"三桓"赶出鲁国的孔子终于回到了故国。从此，他安定下来，开始他晚年修书、授徒的事业。可以说，冉求先行回鲁国，为孔子最终返回故国打下了基础。

成语接龙

斐然成章 → 章台杨柳 → 柳暗花明 → 明哲保身 →
身体力行 → 行云流水 → 水乳交融 → 融会贯通 →
通情达理 → 理屈词穷 → 穷山恶水 → 水到渠成

过犹不及

原文

　　子贡问："师与商①也孰贤？"子曰："师也过，商也不及。"曰："然则师愈②与？"子曰："过犹不及。"

——《论语·先进》

注释

　　①师：颛孙师，即子张，"孔门七十二贤"之一。商：卜商，即子夏，"孔门十哲"之一。

　　②愈：胜过，强些。

成语小课堂

释　义　事情做得过头，就跟做得不够一样，都是不合适的。

注　音　guò yóu bù jí

近义词　矫枉过正、欲速不达
反义词　不偏不倚、恰如其分

成语故事

　　子贡特别喜欢评论人，有一天他问孔子："老师，子张和子夏二人，谁更好一些呢？"孔子回答说："子张做事情往往会过分，而子夏做事情会不到火候。"子贡接着又说："那是不是能够理解为子张强一些呢？"孔子断然说道："做过头与没做到位是一样的。"

　　子张与子夏均为孔子的得意门生，同列"孔门七十二贤"，子夏更是"孔门十哲"之一。子张虽然在孔子去世后受到曾子、颜路的排挤，被迫离开鲁国，但他独立招收弟子，宣扬儒家学说，是"子张之儒"的创始人。而"子

张之儒"列儒家八派之首。即便是这样两位高足，仍然不能让孔子完全满意。所谓的"过犹不及"，就得从儒家核心的中庸思想说起。中庸之道，简单地说是指不偏不倚，折中调和的处世态度。《中庸》一书中，对中庸下了定义："喜怒哀乐之未发，谓之中；发而皆中节，谓之和。中也者，天下之大本也；和也者，天下之达道也。"意思是说，人的内心没有发生喜怒哀乐等情绪时，称之为中。发生了喜怒哀乐等情绪，而始终用中的状态来节制，就是和。中的状态即内心不受任何情绪的影响，保持平静、安宁、祥和的状态，是天下万事万物的本来面目。而始终保持和的状态，不受情绪的影响，则是天下最高明的道理。

所以说，要做到中庸，确实很不容易，连孔子也曾感慨道："中庸之道不能实行的原因我知道了：聪明的人自以为是，容易激进，走过了头；愚蠢的人智力不及，不能理解，达不到要求。""能够根据过与不及两端的情况，采纳中庸之道来治理百姓，这就是舜之所以伟大的原因吧！"

那究竟为何说子张"过"而子夏"不及"呢？《论语·子张》记载的一件事可说明一二：有一次，子夏的学生向子张请教怎样结交朋友。子张没有直接回答，先反问道："你们老师是怎么说的？"子夏的学生说："我们老师说，可以相交的就和他交朋友，不可以相交的就拒绝他。"子张说："我所听到的与此不一样：君子既能尊重贤人，也能容纳众人；能赞美善人，也能同情能力不够的人。如果我是贤人，那我对别人有什么不能容纳的呢？如果我是不贤之人，那人家就会拒绝我，我又怎么能说拒绝人家呢？"

在交友方面，子夏"好与贤己者处"，比自己贤能的人，子夏才去结交，否则就拒之。子张则不然，他认为君子尊敬贤人，也要接纳普通的人，称赞好人，也可怜无能的人。不论什么人，子张都不拒绝结交。以此可以看出，子张"过"而子夏"不及"。

成语接龙

过犹不及 —→ 及时行乐 —→ 乐不可支 —→ 支离破碎 —→
碎骨粉身 —→ 身体力行 —→ 行将就木 —→ 木人石心 —→
心急如焚 —→ 焚琴煮鹤 —→ 鹤唳风声 —→ 声泪俱下

后生可畏

原　文

子曰："后生可畏，焉知来者之不如今也。四十五十而无闻焉，斯亦不足畏也已！"

——《论语·子罕》

成语小课堂

释　义　年轻人是可敬畏的。形容青年人能超过前辈。
注　音　hòu shēng kě wèi

近义词　初生牛犊
反义词　少不更事、乳臭未干

成语故事

孔子说："年轻人是值得敬畏的，怎么就知道后一代不如前一代呢？如果到了四五十岁时还默默无闻，那他就没什么可敬畏的了。"

孔子这段话是对自己说的，也是对弟子们说的，青出于蓝而胜于蓝，长江后浪推前浪，年轻人只要刻苦学习，就有着无限的可能性。这是社会发展的客观规律，也是孔子自身的实际体会。

《列子·汤问》中记载了一个小故事，孔子周游列国途中，遇到两个小孩正争得面红耳赤，便上前询问。两个小孩一见是大学问家孔子，就让他来评评理。其中一个小孩认为早上太阳刚升起时离人最近，中午的时候离人最远。另一个小孩则认为太阳刚刚升起时离人最远，而中午时离人最近。前一个小孩提出了自己的理由："太阳刚出来时像车盖一样大，到了中午却只有盘子那么大，这不是因为远时看起来小而近时看起来大吗？"另一个小孩也有自己的理由，说："太阳刚升起时有清凉的感觉，到了中午却感觉像把手伸进热水里一样，这不是因为近时热而远时凉吗？"两个孩子的论据都很充分，孔子也无从判断，只得老老实实地承认不知道。

成语接龙

后生可畏——→畏首畏尾——→尾大不掉——→掉以轻心——→
心想事成——→成名成家——→家喻户晓——→晓以大义——→
义无反顾——→顾全大局——→局促不安——→安邦定国

患得患失

原文

子曰："鄙夫①可与事君②也与哉！其未得之也，患得之。既得之，患失之。苟③患失之，无所不至矣。"

——《论语·阳货》

注释

①鄙夫：人品鄙陋、见识浅薄的人。
②事君：侍奉君主。
③苟：如果，假使。

成语小课堂

释　义　担心得不到，得到了又担心失掉。形容将个人得失看得很重。患：忧患，担心。

注　音　huàn dé huàn shī

近义词　斤斤计较、铢锱必较、自私自利
反义词　公而忘私、大公无私、宠辱不惊

成语故事

孔子有着远大的政治抱负，希望为国家为百姓多做事情，特别鄙视那些大权在握，却只关心个人私利，无所作为的昏官，所以他说："怎么可以和那些人品低下、利欲熏心的人一起侍奉君主？那种人没有得到官位时，投机钻营，只担心得不到官位；当上官之后，又害怕失去它。如果他只关心自己官职的得失，那他就什么事都干得出来！"

其实在漫长的封建社会，官场上这样的人占了大多数，套用一个成语来

51

说，那就是"尸位素餐"。这样的人虽然被大家唾弃，但凭借着特权，却能风光一时。

汉代有个叫张禹的，以研究《论语》著称，被征召成了皇太子的老师。后来皇太子继位，即汉成帝。汉成帝对这个老师极为尊重，给他封侯，还任用他为宰相。这个张禹虽然号称孔孟之徒，却丝毫不将天下放在心上，只想保住自己的高官厚禄。有一回在朝廷之上，一个人站出来对汉成帝说："如今的朝廷大臣，对上不能匡扶皇上，对下不能有益于百姓，都是空占着职位白吃饭而不做事的人。我请求陛下赐一口尚方斩马剑，斩一个佞臣，以此来警示他人！"

说话的人名叫朱云，是个地方小官。汉成帝问："你要斩的是谁？"朱云回答道："安昌侯张禹！"汉成帝大怒，喝道："你一个小官居然敢诽谤朝廷重臣，而且还是我的老师，罪该万死！"御史奉命将朱云拉出去斩首，朱云攀住殿上的栏杆，栏杆被他拉断。朱云大呼道："微臣我能够和夏代的龙逢、商代的比干这样的大忠臣在九泉之下相逢，也就满足了！只是不知圣朝将会怎样啊！"御史便把朱云拉了下去。这时，左将军辛庆忌摘掉官帽，解下官印和绶带，在大殿之上叩头道："朱云一向以狂傲直率著称。假如陛下觉得他说的有几分道理，不可诛杀；如果觉得他说的不对，也可以宽恕他。臣斗胆以死相保！陛下如果杀了他，不就成了与桀、纣一样的暴君了吗？"

辛庆忌叩头流血，汉成帝的怒气渐消。至少汉成帝还明白，不能斩了朱云，而使自己与桀、纣同列。后来要更换栏杆，汉成帝说："不要换了！就把旧栏杆整修一下，用它来表彰正直的臣子。"

可惜的是，朱云虽然流芳百世，但这样的直臣却是凤毛麟角；而孔子所斥责的"鄙夫"，却层出不穷。

成语接龙

患得患失 → 失张失智 → 智勇双全 → 全力以赴 →
赴汤蹈火 → 火树银花 → 花红柳绿 → 绿水青山 →
山水相连 → 连绵不绝 → 绝世无双 → 双管齐下

诲人不倦

原文

子曰："若圣与仁，则吾岂敢？抑为之①不厌，诲②人不倦，则可谓云尔③已矣。"公西华④曰："正唯弟子不能学也。"

——《论语·述而》

注释

①抑：表转折的语气词，"只不过是"的意思。为之：指圣与仁。
②诲：教导，诱导。
③云尔：这样说。
④公西华：别名公西赤，字子华，"孔门七十二贤"之一。

成语小课堂

释义 教导别人而不知疲倦。

注音 huì rén bù juàn

近义词 循循善诱、苦口婆心、不厌其烦

反义词 误人子弟、不教而诛

成语故事

《论语》中孔子两次说到"诲人不倦"，且都在《论语·述而》中。一次是说"默而识之，学而不厌，诲人不倦，何有于我哉？"意思是说默默记住所学的知识，学习不觉得满足，教人不感到疲倦，这对我能有什么困难呢？因为宏伟理想不能在自己手上变成现实，孔子将教书育人作为自己的使命，希望由后人来实现他的追求，所以诲人不倦。其实在孔子生前，就有人将他当成圣人。左丘明就曾对鲁君说，孔子是当今的圣人。但孔子很谦虚，从不

把自己当成圣人。

另一次是，孔子说："如果说到圣与仁，那我怎么敢当！我只是向着圣与仁的方向不断努力，从不感厌烦而已，至于教诲别人从不感觉疲倦，那是可以这样说的。"他的弟子公西华说："这正是我们学不到的。"

其实公西华也是个比较谦虚的人，而且做事严谨认真，力求完美。有一回孔子让子路、曾皙、冉有、公西华四个弟子讲自己的志向，子路、冉有说的都是治国安邦的大抱负。轮到公西华时，他说："我不敢说自己能做到什么，只是愿意学习。祭祀宗庙，或者诸侯会盟及朝见天子的时候，我愿意穿着礼服，戴着礼帽，做一个小司仪。"

当然，在礼制社会中，祭祀与会盟的司仪其实也很不简单。孔子也知道公西华的才干与性格特征。有一次鲁国大夫孟武伯向孔子问起公西华，孔子答道："公西华，可以让他穿上礼服，戴着礼帽，在朝廷上站着接待宾客啊。"

成语接龙

诲人不倦 → 倦鸟知还 → 还乡昼锦 → 锦上添花 →
花枝招展 → 展翅高飞 → 飞沙走石 → 石沉大海 →
海阔天空 → 空穴来风 → 风轻云淡 → 淡泊明志

尽善尽美

原 文

子谓《韶》①："尽美②矣，又尽善③也。"谓《武》④："尽美矣，未尽善也。"

——《论语·八佾》

注 释

①《韶》：相传是古代歌颂虞舜的一种乐舞。
②美：指乐曲的音调、舞蹈的形式而言。
③善：指乐舞的思想内容而言。
④《武》：相传是歌颂周武王的一种乐舞。

成语小课堂

释 义 极其完善，极其美好。指完美到没有一个缺点。

注 音 jìn shàn jìn měi

近义词 十全十美、完美无缺

反义词 一无是处、一塌糊涂

成语故事

周朝重视对贵族的培养，形成了一套完整的教育体系，学生需要掌握的六种基本才能，即：礼、乐、射、御、书、数。而所谓的乐，指的是"六乐"，即《云门大卷》《咸池》《大韶》《大夏》《大濩》《大武》六套乐舞。其中《云门大卷》出现的年代最早，据称是黄帝时期的礼仪性乐舞，歌颂黄帝创制万物、团聚万民、盛德如云。尧时有《咸池》，舜时有《大韶》，禹时有

《大夏》，商时有《大濩》，周时有《大武》。周时保存有完整的这六套乐舞，成为"六乐"，分别在重大的祭祀活动中使用，《云门大卷》用于祭祀天神，《咸池》祭地神，《大韶》祭四望，《大夏》祭山川，《大濩》祭周始祖姜嫄，《大武》祭祀周代祖先。六乐流传到汉代，只有《大韶》《大武》二乐。

正因为六乐只在重要的祭祀中才表演，所以在当时，能够看到的人很少，能理解其精髓的人更是凤毛麟角。周敬王二年（前518年），孔子前往洛邑拜访周王室的贤大夫苌弘，向他请教乐，据传就涉及韶乐与武乐异同。孔子问苌弘道："武乐与韶乐孰为轩轾？"苌弘道："武乐为周武王之乐名，韶乐为虞舜之乐名，若以二者之功业论，舜是继尧之后治理天下，武王伐纣以救万民，皆功昭日月，无分轩轾。然则就乐论乐，韶乐之声容宏盛，字义尽美；武乐之声容虽美，曲调节器却隐含晦涩，稍逊于韶乐。故尔武乐尽美而不尽善，唯韶乐可称尽善尽美矣！"

后来孔子在齐国亲身观赏了韶乐的演奏，乐得手舞足蹈，听得如醉如痴，在三个月内，吃肉都感觉不到肉味。

时到今天，六乐早就失传了，关于让孔子"三月不知肉味"的韶乐，人们大致只知道一套是舜时期的乐官夔所作的诗、乐、舞三位一体的乐舞，用到钟、磬、琴、瑟、管、笙、箫、鼗（táo）、鼓、柷（zhù）、敔（yǔ）、镛（yōng）等乐器。有人唱其辞，有人扮演鸟兽、凤凰而起舞。至于孔子所说的"尽善尽美"，一般也理解为事物极其完善、极其美好、完美无缺。

成语接龙

尽善尽美──美中不足──足不出户──户告人晓──
晓以利害──害人不浅──浅尝辄止──止步不前──
前无古人──人满为患──患得患失──失魂落魄

既往不咎

原　文

　　哀公问社于宰我①，宰我对曰："夏后氏②以松，殷人③以柏，周人以栗，曰：'使民战栗④。'"子闻之，曰："成事不说，遂事不谏，既往不咎。"

　　　　　　　　　　　　　　　　　　　　——《论语·八佾》

注　释

　　①哀公：鲁哀公，姬姓，名将，鲁定公之子，春秋时期鲁国第二十六任君主，公元前494年—公元前468年在位。社：土地神，祭祀土神的庙也称社。宰我：名予，字子我，"孔门十哲"之一。
　　②夏后氏：指禹建立的夏朝，也称夏后或夏氏。
　　③殷人：指商朝。商代前期多次迁都，到盘庚时定都于殷，并固定下来，从此商朝也称殷朝。
　　④战栗：恐惧，发抖。

成语小课堂

　　释　义　原指已经做完或做过的事，就不必再责怪了。现指对以往的过错不再责备。

　　注　音　jì wǎng bù jiù

　　近义词 一笔勾销
　　反义词 赏罚分明、信赏必罚

成语故事

　　孔子的著名弟子中，宰我无疑是受老师批评最多的一个。他曾大白天睡觉，把孔子气得直呼"朽木不可雕也！"他经常有些离经叛道的想法，按当

时的礼制，父母亡故儿女需要服丧三年，可宰我却对孔子说："服丧三年，时间太长了。君子三年不讲究礼仪，礼仪必然败坏；三年不演奏音乐，音乐就会荒废。旧谷吃完，新谷登场，钻燧取火的木头轮过了一遍，有一年的时间就可以了。"孔子对他说："才用一年的时间，你就吃开了大米饭，穿起了锦缎衣，能心安吗？"宰我说："我能心安啊。"孔子说："你如果能心安，那你就那样去做吧！君子守丧，吃美味不觉得香甜，听音乐不觉得快乐，住在家里不觉得舒服，所以不那样做。如今你既然觉得心安，那你就那样去做吧！"宰我出去后，孔子说："宰予真是不仁啊！孩子生下来，要三岁才能离开父母的怀抱。服丧三年，这是天下通行的丧礼。难道宰予对他的父母还没有三年的爱吗？"

宰我非常聪明，不仅善于思考，还口齿伶俐，擅长辞辩，鲁哀公曾经问他，土地神的神主应该用什么树木。宰我回答道："夏朝用松树，商朝用柏树，周朝用栗子树。用栗子树的意思是说：使老百姓战栗。"

孔子觉得宰我的话中含有讥讽周天子的意思，听到后很不高兴，但又不便直接批评，就说："已经做过的事不用再提了，已经完成的事不用再去劝阻了，已经过去的事也不必再追究了。"

成语接龙

既往不咎 —→ 咎由自取 —→ 取信于民 —→ 民不聊生 —→
生龙活虎 —→ 虎虎生威 —→ 威风八面 —→ 面红耳赤 —→
赤手空拳 —→ 拳拳盛意 —→ 意味深长 —→ 长生不老

见利思义

原文

　　子路问成人①。子曰："若臧武仲②之知，公绰③之不欲，卞庄子④之勇，冉求⑤之艺，文之以礼乐，亦可以为成人矣。"曰："今之成人者何必然。见利思义，见危授命，久要⑥不忘平生之言，亦可以为成人矣。"

——《论语·宪问》

注 释

①成人：人格完备的完人。
②臧武仲：臧孙纥，姬姓，臧氏，名纥，谥武，鲁国大夫。
③公绰：孟公绰，鲁国大夫，属于孟孙氏家族。
④卞庄子：亦称管庄子、卞严子、辨庄子，鲁国卞邑大夫。
⑤冉求：字子有，又称"冉有"，"孔门七十二贤"之一。
⑥久要：长久处于穷困中。

成语小课堂

释 义　看到财物，先会想到道义。
注 音　jiàn lì sī yì

近义词 仗义疏财
反义词 见利忘义、见钱眼开

成语故事

　　子路问怎样做才是一个完美的人。孔子说："如果具有臧武仲的智慧，孟公绰的克制，卞庄子的勇敢，冉求那样多才多艺，再用礼乐加以修饰，也就可以算是一个完人了。"

孔子认为，理想中完美的人要集以上四人之所长。这四人都是鲁国人，其中冉求是他的弟子，以多才多艺著称，长于政事。

另外三人，臧武仲矮小多智，号称"圣人"，辅佐过鲁成公、鲁襄公，后因与孟孙氏有仇，被逐出鲁国，先后逃往邾国和齐国。齐国国君看好他的治国之才，对他委以重任，而他也对齐国的强盛作出了诸多贡献。后来臧武仲返回鲁国，来到自己的封邑防，向鲁君开出立臧氏之后为卿大夫的条件。孔子对此大为不满，认为他是以自己的封地为据点，想要挟君主，犯上作乱。

孟公绰则是孔子所尊敬的人。司马迁在《史记·仲尼弟子列传》中列数孔子所礼敬的人：周朝的老子，卫国的蘧伯玉，齐国的晏仲平，楚国的老莱子，郑国的子产和鲁国的孟公绰。《史记》中还称孟公绰廉静寡欲，但短于才智。

卞庄子大家应该比较熟悉，《史记·张仪列传》记载了他的一段事迹，收在了初中课本中，名为《卞庄子刺虎》。卞庄子以勇力过人著称，同时又是一个孝子。据《韩诗外传》记载，其母在世时，他随军作战，三战三败，朋友看不起他，国君羞辱他。及其母死三年，鲁国兴师伐齐，他请求出战，三战三获敌人甲首，以雪昔日败北之耻。

人各有所长，要将众人的所长集于一身，事实上是不可能的，所以孔子又说："现在的完人何必一定要这样呢？见到财利想到义的要求，遇到危险能献出生命，长久处于穷困还不忘平日的诺言，这样也可以算是一位完美的人。"

成语接龙

见利思义 → 义不容辞 → 辞旧迎新 → 新仇旧恨 →
恨之入骨 → 骨肉相残 → 残兵败将 → 将功补过 →
过眼云烟 → 烟消云散 → 散兵游勇 → 勇往直前

见义勇为

原 文

子曰:"非其鬼①而祭之,谄②也。见义③不为,无勇也。"

——《论语·为政》

注 释

①鬼:有两种解释:一是指鬼神,二是指死去的祖先。这里泛指鬼神。
②谄(chǎn):谄媚、阿谀。
③义:指适宜的、应该做的事。

成语小课堂

释 义 遇到符合道义的事,就勇敢地去做。
注 音 jiàn yì yǒng wéi

近义词 急公好义、挺身而出
反义词 袖手旁观、见利忘义

成语故事

孔子说:"不是你应该祭的鬼神,你却去祭它,这是谄媚。见到应该挺身而出的事情却袖手旁观,这是怯懦。"

仁、义、礼、智、信作为儒家"五常",是西汉时董仲舒对先秦儒学进行解释发展而形成的新儒学。孔子时期,虽然这些概念都已存在,但孔子更强调的是仁、义、礼。在《中庸》中,孔子说道:"仁者,人也,亲亲为大;义者,宜也,尊贤为大。亲亲之杀,尊贤之等,礼所生也。"所谓仁,就是做人的道理,亲爱自己的亲族就是最大的仁;所谓义,就是做事要合宜得当,尊

重贤人就是最大的义。至于亲爱亲族要分远近亲疏，尊重贤人也要有德才高下的等级，这都是从礼上产生的要求。

"礼"被解释为"宜"，也就是合适的、适宜的。但什么样的事情算是合适的、适宜的呢？那就要更多地从仁与礼上去体悟。符合于仁、礼要求的，就是义。

相对而言，"勇"就复杂一些。同样在《中庸》中，孔子还提出了"三达德"的概念，将智、仁、勇当作天下通行的品德。勇是有前提有条件的。"勇"是指果敢、勇敢，体现在行为方面。但果敢、勇敢并不都是"勇"，只有符合仁、义、礼要求的行为才能算是"勇"。有人问孔子："君子尚勇乎？"孔子回答："君子义以为上。君子有勇而无义为乱，小人有勇而无义为盗。"小人有勇无义就是强盗，这好理解；君子有勇无义，也会犯上作乱，那可一定要警惕啊。

孔子这段话是对子路说的。在孔子的弟子中，子路是最勇敢的，就连孔子自己都承认，在"勇"这个方面，自己不如子路。子路晚年担任卫国大夫孔悝的邑宰，那时卫国发生了政变，在外地的子路听说孔悝有危险，不顾别人的劝阻，执意回去解救。这符合义的要求，是"勇"。在战斗中，子路受了伤，缨带断了。按照"礼"的要求，君子死而冠不免，于是子路停下来先结缨正冠，结果被砍成了肉泥。这也符合"义"的要求，也是"勇"。孔子深知子路勇猛的性格，在那个战乱纷争的年代，越是勇猛的人越容易遭遇危险。他听说卫国内乱而子路去了，就叹息道："唉，子路恐怕性命难保了！"

成语接龙

见义勇为 → 为民除害 → 害群之马 → 马放南山 →
山穷水尽 → 尽心尽力 → 力不从心 → 心想事成 →
成千上万 → 万念俱灰 → 灰心丧气 → 气宇轩昂

敬而远之

原文

樊迟①问知②。子曰："务③民之义④，敬鬼神而远之，可谓知矣。"问仁。曰："仁者先难而后获，可谓仁矣。"

——《论语·雍也》

注释

①樊迟：樊须，名须，字子迟，"孔门七十二贤"之一。

②知：通"智"。

③务：从事，致力于。

④义：应该做的事。

成语小课堂

释　义 表面上表示尊敬，但保持距离，实际上不愿接近。

注　音 jìng ér yuǎn zhī

近义词 拒人千里、若即若离

反义词 亲密无间、形影不离

成语故事

　　这里樊迟问了两个问题，先是向老师请教，怎样才算是智，孔子回答说："专心致力于为百姓应该做的事情上，尊敬鬼神但要远离它，就可以说是智了。"樊迟又问怎样才是仁，孔子回答道："仁人对难做的事，做在人前面；对有收获的结果，得在人后面，这可以说是仁了。"

　　这个樊迟，大家应该都不会陌生，他曾经向孔子请教如何种庄稼，孔子

说："我不如老农。"樊迟又请教如何种菜，孔子说："我不如菜农。"这也对啊，学做农事，找农民就行了，何必投到孔子门下，所以当即把孔子气得骂樊迟是"小人"。当然，樊迟并不是只想学农事，他只不过兴趣比较广泛一点儿，而又把自己的老师看作无所不能的人。其实，他对孔子学说的核心问题也非常感兴趣，《论语》中就记述了他三次"问仁"，而这一回，是将"仁"与"智"一起问。

朱熹在《论语集注》的解释是："专用力于人道之所宜，而不惑于鬼神之不可知，知者之事也。先其事之所难，而后其效之所得，仁者之心也。"他还引用了程颐先生的话，"人多信鬼神，惑也。而不信者又不能敬，能敬能远，或谓知矣。"在古代，对于"鬼"一般认为是自己祖先的魂魄，而"神"则泛指所有的神灵。人过于迷信鬼神只会使自己迷惑，而对于鬼神的尊敬则是孝道的体现。

直面现实，关注现实的社会问题、人生问题，是孔子思想的一个突出特点。"敬鬼神而远之"体现的正是这样的思想。在另外一处，季路向老师请教该怎样侍奉鬼神。孔子的回答是："没能侍奉好人，怎么能侍奉鬼呢？"季路没有领会，还继续问："请问死是怎么回事？"孔子回答道："还不知道活着的道理，怎么能知道死呢？"

孔子这里讲的"侍人"，是指侍奉君父。在君父活着的时候，如果不能尽忠尽孝，君父死后也就谈不上孝敬鬼神，他希望人们能够忠君孝父。可见孔子不信鬼神，也不把注意力放在来世，而是要在君父生前尽忠尽孝，至于对待鬼神就不必多提了。

成语接龙

敬而远之 —→ 之死靡二 —→ 二三其德 —→ 德才兼备 —→
备而不用 —→ 用兵如神 —→ 神出鬼没 —→ 没世不忘 —→
忘恩负义 —→ 义不容辞 —→ 辞旧迎新 —→ 新官上任

举一反三

原文

子曰："不愤不启①，不悱不发②。举一隅③不以三隅反④，则不复⑤也。"

——《论语·述而》

注释

①不愤不启：不到学生们想弄明白而还没有弄明白时，不去启发他。愤：心里想弄明白而还不明白；启：启发。

②不悱（fěi）不发：不到学生们想说而说不出来时，不去启发他。悱：心里想说而说不出来；发：启发。

③隅：角落。

④反：类推，推及。

⑤复：两次教育。

成语小课堂

释　义　比喻从一件事情类推而知道其他许多事情。

注　音　jǔ yī fǎn sān

近义词 触类旁通、闻一知十

反义词 不求甚解、浅尝辄止

成语故事

这里短短二十二个字，却是三个成语的出处，除了"举一反三"外，还有"不愤不启""不悱不发"。

作为一名大教育家，孔子对教学有一套自己的心得。他说："教导学生时，不到他想弄明白而做不到时，不去开导他；不到他想到了却说不出来时，

不去启发他。教给他一个方面的东西，他不能由此而推知其他三个方面的东西，那就不用再这样教他了。"

在这里，孔子其实谈的是一个教学的基本原则，那就是要调动学生的积极性，要让学生自己想学，自己去努力学，能够进行独立的思考，这个时候老师的教育就事半功倍。反之，一味地灌输，学生不仅没有学习的积极性，还会产生抵触心理，又何来的学习效果呢？

成语接龙

举一反三——三人成虎——虎虎生威——威风八面——
面红耳赤——赤胆忠心——心如止水——水到渠成——
成千上万——万籁俱寂——寂若无人——人声鼎沸

君子固穷

原文

在陈①绝粮，从者病②，莫能兴③。子路愠④见，曰："君子亦有穷乎？"子曰："君子固穷⑤。小人穷，斯滥⑥矣。"

——《论语·卫灵公》

注释

①陈：周朝诸侯国，国君妫姓，是虞舜后裔。
②病：原指重病，这里指疲惫不堪。
③兴：起来。
④愠（yùn）：怒，怨恨。
⑤固穷：固守穷困，安守穷困。
⑥斯滥：指胡作非为。斯，就；滥，泛滥。

成语小课堂

释 义 指君子能够安贫乐道，不失节操。
注 音 jūn zǐ gù qióng

近义词 安贫乐道、贫贱不移
反义词 穷奢极欲、贪得无厌

成语故事

孔子一行周游列国时，先后在魏、陈、蔡等国碰壁。后来吴国征伐陈，楚国出兵救陈，得知了孔子的消息。楚国一直有争霸中原之心，这时就想将孔子聘去，为自己所用。

孔子正准备带领弟子启程去楚国。这时，陈、蔡两国的大夫们慌了神，

凑在一起商议道："孔子是个很有本事的人，说出来的话都能切中要害。他在我们这里待过那么长时间，我们所做的都不合他的意。现在楚国来聘请他，如果他在楚国得到重用，那对我们就太不利了。"于是大夫们使了个阴招，共同派人将孔子一行围困在山野，这也就是所谓的"陈蔡之厄"。

孔子师徒被围困在陈国，几天之后，粮食吃完了，弟子们病莫能兴，但孔子弦歌不辍。子路很不高兴地来见孔子，说："君子也有穷得毫无办法的时候吗？"孔子说："君子虽然穷困，但还是坚持着；小人一遇穷困就胡作非为了。"

孔子有心考一下弟子，问子路说："《诗》中说，'不是犀牛也不是老虎，却疲于奔命在空旷的原野'，是我的道不对吗？为什么会落到这个地步呢？"子路说："也许是我们还没达到仁吧，人们不能相信我们。也许我们还不够智慧吧，人们不肯去推行我们的道。"孔子说："是这样的吗？如果仁者一定会得到人们的理解、信任，怎么还会有伯夷、叔齐的遇刺呢？如果智者的道一定会得到推行，那怎么还会有王子比干的遭遇呢？"

子路哑口无言出去了，孔子让子贡进来，问了他同样的问题。子贡说："老师啊，您的道至大，所以天下不能容。或许稍微降低一下标准，大家就能接受了？"孔子说："赐（子贡名赐）啊，好的农夫能尽力种好庄稼，却不能保证一定能有好的收成。优秀的工匠能发挥高明的手艺，却不能保证一定符合买家的心意。君子能修行仁道，却不一定能为世俗所接受。现在呢，你不求修道而求为世俗所接受，看来是你的志向不够远大呀！"

子贡面带愧色退了出去，孔子让颜回进来。孔子向他提了相同的问题，颜回答道："老师的道至大，所以天下不能容。虽不为天下所容，仍坚持不懈，这也正是可贵之处。天下不容，又有什么关系呢？不容然后见君子。道之不修，是我们的耻辱；道已大修而不为天下所用，那是执政者的耻辱啊！天下不容，又有什么关系呢？不容然后见君子！"孔子十分欣慰，笑着说："不错啊，颜家的孩子！假如你拥有许多财产，我可以给你做管家呀。"于是孔子派子贡到楚国求救，楚昭王派兵迎接孔子，孔子才得以脱身。

成语接龙

君子固穷 ——→ 穷奢极欲 ——→ 欲罢不能 ——→ 能文能武 ——→
武偃文修 ——→ 修身养性 ——→ 性命交关 ——→ 关门大吉 ——→
吉祥如意 ——→ 意在言外 ——→ 外圆内方 ——→ 方便之门

侃侃而谈

原文

朝，与下大夫①言，侃侃②如也。与上大夫言，訚訚③如也。君在，踧踖④如也，与与⑤如也。

——《论语·乡党》

注释

①下大夫：古代的职官名。周王室及诸侯各国卿以下有上大夫、中大夫、下大夫。

②侃侃：意思是指理直气壮、不卑不亢地说话。

③訚訚（yín）：正直，和颜悦色而又能直言诤辩。

④踧踖（cù jí）：恭敬而不安的样子。

⑤与与：小心谨慎、威仪适中的样子。

成语小课堂

释　义　理直气壮、从容不迫地说话。

注　音　kǎn kǎn ér tán

近义词　夸夸其谈、娓娓道来、高谈阔论

反义词　噤若寒蝉、张口结舌、吞吞吐吐

成语故事

孔子是一个非常讲究礼制规范的人，在不同的环境中有不同的言谈举止。

在上朝的时候，孔子与下大夫交谈，神态温和而快乐；与上大夫交谈，神态正直而公正；国君出来了，孔子恭敬而有点儿拘谨，但又仪态适中。

国君召孔子去接待宾客，孔子脸色立即庄重起来，脚步也快起来。他向

和他站在一起的人作揖，手向左或向右作揖，衣服前后摆动，却整齐不乱。快步走的时候，衣袖展开，就像鸟儿展开双翅。宾客走后，他必定向国君汇报说："客人已经走远了。"

孔子走进朝廷的大门，谨慎而恭敬，好像找不到立足之地。站立时不站在门的中间，行走时不踩到门槛。经过国君的座位时，脸色立刻庄重起来，脚步也加快，说话好像中气不足一样。提起衣服下摆向堂上走的时候，恭敬谨慎，憋住气好像不呼吸一样。退出来，走下台阶，脸色便舒展开了，怡然自得的样子。走完了台阶，快快地向前几步，像鸟儿展翅飞翔一样。回到自己的位置，仍保持恭敬而不安的样子。

孔子奉命出使他国，拿着圭，恭敬谨慎，像是举不起来的样子。向上举时好像在作揖，放在下面时好像是给人递东西。脸色庄重得像在战栗，步子很小，像是沿着一条直线往前走。在举行赠送礼物的仪式时，脸色得以缓和，显得和颜悦色。私下和国君见面会谈时，则心情更加轻松愉快。

成语接龙

侃侃而谈 → 谈天说地 → 地大物博 → 博学多才 →
才华超众 → 众叛亲离 → 离群索居 → 居高临下 →
下不为例 → 例行公事 → 事倍功半 → 半途而废

空空如也

原　文

　　子曰："吾有知乎哉？无知也。有鄙夫^①问于我，空空如也。我叩其两端而竭^②焉。"

——《论语·子罕》

注　释

　　①鄙夫：指没有文化的社会下层人。
　　②叩：叩问，询问。两端：两头，指正反、始终、左右等。竭：穷尽，尽力追究。

成语小课堂

释　义　原形容诚恳、虚心的样子。现形容什么都没有。空空：诚恳，虚心。
注　音　kōng kōng rú yě

近义词 一无所有
反义词 应有尽有

成语故事

　　孔子曾明确说过他自己的才华并非"生而知之"，而是来源于好学。在这里孔子更进一步，他说："像我这样的能够算知识渊博吗？其实并非如此。有一回有个乡下人问我问题，我对他说的那些事一无所知。其实我遇到问题时，只是善于从两端去追究，直到把问题全部搞清楚为止。"

　　孔子说自己算不上知识渊博，这固然是谦虚，但就世界的广博、知识的浩如烟海而言，却又是事实。人的精力和阅历都是有限的，不可能什么都知

道。樊迟向孔子讨教如何种田种菜，孔子明白地告诉他自己不知道，让他去
向老农学，这事为众人所熟知。当然，这不是关键。这里的重点在于，孔子
给出了解决问题的方法。那就是"叩其两端而竭"，凡事有正反、左右、始
终，从两个方面追究，总能求得问题的答案。

成语接龙

空空如也——→野心勃勃——→勃然大怒——→怒目而视——→
视而不见——→见贤思齐——→齐心协力——→力争上游——→
游刃有余——→余音绕梁——→梁上君子——→子虚乌有

乐在其中

原文

子曰："饭疏食①，饮水，曲肱②而枕之，乐亦在其中矣。不义而富且贵，于我如浮云。"

——《论语·述而》

注释

①饭疏食：吃着粗粝的饭食。饭：这里用作动词，吃；疏食：粗粮，糙米饭。

②曲肱（gōng）：弯着胳膊。肱：胳膊。

成语小课堂

释　义　喜欢做某事，并在其中获得乐趣。

注　音　lè zài qí zhōng

近义词　乐而忘返、乐此不疲

反义词　闷闷不乐、忧心忡忡

成语故事

孔子极力提倡"安贫乐道"，认为有理想、有志向的君子不会在意自己的生活享受，不会为自己的吃穿住孜孜以求。孔子说："吃粗粮，喝白水，弯着胳膊当枕头，对于有理想的人而言，乐趣就在这中间。用不正当的手段得来的富贵，对于我来说就像是天上的浮云一样。"正因为如此，孔子对颜回赞赏不已，认为他"用竹器盛饭吃，用木瓢舀水喝，住在穷陋的小房中，别人都受不了这种贫苦，颜回却仍然那么快乐。贤德啊，颜回！"

　　颜回能吃苦，但不是为吃苦而吃苦，而是不管在什么条件下，求仁之心不改，快乐心情不变。所以孔子又说："富而可求也，虽执鞭之士，吾亦为之。如不可求，从吾所好。"富裕的生活，是每个人都向往的，这也是人的天性，关键在于如何达到富裕。如果能用合乎于道的方式追求富裕，即便是给人执鞭这般下等的差事，孔子也表示愿意去做。如果富贵不合于道就不必去追求，还是专心致志地追求自己的大目标吧。由此可见，孔子不反对做官，不反对发财，但必须符合道，不能违背原则去追求富贵荣华。

成语接龙

乐在其中 ——→ 中西合璧 ——→ 璧合珠联 ——→ 联袂而至 ——→
至高无上 ——→ 上下其手 ——→ 手不释卷 ——→ 卷土重来 ——→
来日方长 ——→ 长袖善舞 ——→ 舞文弄墨 ——→ 墨守成规

乐以忘忧

原文

叶公^①问孔子于子路，子路不对。子曰："女奚^②不曰：'其为人也，发愤忘食，乐以忘忧，不知老之将至'云尔^③。"

——《论语·述而》

注释

①叶（shè）公：沈诸梁，芈姓，沈尹氏，名诸梁，字子高。春秋后期楚国的大夫，因封地在叶邑（今河南省叶县南），所以叫叶公。

②女：人称代词，你。奚：疑问代词，何。

③云：代词，如此。尔：通"耳"，而已，罢了。

成语小课堂

释 义 原指因乐于道而忘记忧愁，后泛指因眼前快乐而忘记了忧愁。又作"乐而忘忧"。

注 音 lè yǐ wàng yōu

近义词 乐此不疲、乐不思蜀
反义词 愁肠百结

成语故事

《叶公好龙》这则寓言为大家所熟知。叶公在历史上确有其人，只不过他并不是寓言中徒有虚名的伪君子。历史上的叶公名叫沈诸梁，字子高，是春秋末期楚国的军事家、政治家，因其封地在叶邑，故称叶公。他在叶地励精图治，兴水利，劝农桑，颇具治绩。孔子率众弟子周游列国时，专程到叶地

拜访叶公，希望能得到叶公的重用。孔子与叶公多次交谈，告诉叶公，为政应当注意使"近者悦，远者来"。

叶公对孔子了解不多，曾向子路询问孔子是个什么样的人。作为弟子不方便议论老师，子路没料到叶公会这样问他，一时答不上来。

事后孔子对子路说："当时你为什么不这样说：他这个人，发愤用功，连吃饭都忘了，乐于道以至于忘记了忧愁，连自己快要老了都不知道，如此而已。"

孔子要展示给人积极乐观的一面，也反映了他希望能实现自己政治理想的急切心情。可惜的是他与叶公并没能说到一起去，这也让他的弟子对叶公很不满，继而有了后来那个编派叶公的寓言。

有一次，子路在石门过了一夜。第二天清晨入城，看门的人问："你从哪里来？"子路回答道："我从孔子那里来。"看门人说："就是那个明知做不到却还要去做的人吗？"

与"乐以忘忧"相比，"知其不可而为之"更能代表孔子的形象。

成语接龙

乐以忘忧 → 忧心如焚 → 焚书坑儒 → 儒雅风流 →
流芳百世 → 世外桃源 → 源源不断 → 断章取义 →
义薄云天 → 天壤之别 → 别开生面 → 面黄肌瘦

来者可追

原文

　　楚狂接舆①歌而过孔子曰："凤②兮凤兮！何德之衰？往者不可谏，来者犹可追。已而已而！今之从政者殆③而！"孔子下，欲与之言。趋而辟之，不得与之言。

——《论语·微子》

注 释

　　①楚狂接舆：楚国的隐士，相传姓陆名通，接舆为其字。
　　②凤：凤凰，这里用来比喻孔子。
　　③殆：危。

成语小课堂

　　释 义　过去的不能挽回弥补，未来的还是能赶得上的。
　　注 音　lái zhě kě zhuī

　　近义词　亡羊补牢、迷途知返
　　反义词　大势已去

成语故事

　　《论语·尧曰》说："兴灭国，继绝世，举逸民，天下之民归心焉。"逸民，便是有德有才的隐士。他们为了保持自己内心的高洁，不愿意出来做官。孔子欣赏他们，却又为他们感到遗憾。孔子周游列国时，一路上遇到不少这样的逸民，孔子渴望与他们交流，他们却避而不见，还对孔子多有奚落。同样是有德有才之士，但政治理念不同，又能说什么呢？
　　有一天，孔子坐着车从楚阳王处出来回宫所去。将到门口之时，一楚国

的狂人唱着歌从孔子的车旁走过，他唱道："凤凰啊，凤凰啊，你的德运怎么这么这么衰弱呢？过去的已经无可挽回，未来的还来得及改正。算了吧，算了吧！今天的执政者危乎其危！"

这个楚国的狂人叫陆通，字接舆，是楚国的隐士。据《高士传》记载，楚昭王时政令无常，陆通乃佯狂不仕，时人称为楚狂接舆。楚王闻其贤名，派特使持金百镒、驾驷马大车前去聘请，接舆却闭门不应。其妻从集市回来，听说此事后道："先生早年就为义而不仕，岂可年纪大了违背初心？现在门前车水马龙，不胜其烦。我们不如躲到一个谁也不认识的地方，耕以自食，织以为衣，食饱衣暖，其乐自足！"于是夫妻俩隐名埋姓，隐蜀峨眉山，寿数百岁。

孔子来到楚国时，楚狂接舆应该是特意候他的，只为送上几句规劝。但他们都是明白人，知道谁也说服不了谁，所以当孔子下车想与他交谈时，他就赶快避开了，不知去向。

成语接龙

来者可追 → 追本溯源 → 源远流长 → 长驱直入 →
入木三分 → 分秒必争 → 争先恐后 → 后继有人 →
人定胜天 → 天壤之别 → 别有洞天 → 天翻地覆

名正言顺

原文

子路曰："卫君①待子为政，子将奚②先？"

子曰："必也正名③乎！"

子路曰："有是哉，子之迂④也！奚其正？"

子曰："野哉，由也！君子于其所不知，盖阙如⑤也。名不正，则言不顺；言不顺，则事不成；事不成，则礼乐不兴；礼乐不兴，则刑罚不中⑥；刑罚不中，则民无所措手足。故君子名之必可言也，言之必可行也。君子于其言，无所苟⑦而已矣。"

——《论语·子路》

注释

①卫君：指卫出公，名辄，卫灵公之孙。其父蒯聩被卫灵公驱逐出国，卫灵公死后，蒯辄继位。

②奚：什么。

③正名：正名分，使名实相符。

④迂：迂腐。

⑤阙如：存疑不言。阙：同"缺"。

⑥中：得当。

⑦苟：苟且，马马虎虎。

成语小课堂

释 义 原指名分正当，说话合理。后多指做某事名义正当，道理也说得通。

注 音 míng zhèng yán shùn

近义词 理直气壮、堂堂正正

反义词 师出无名、理屈词穷

成语故事

子路对孔子说："卫国国君要您去治理国家，您打算先从哪些事情做起呢？"

孔子说："首先必须正名分。"

子路说："有这样做的吗？您也太迂腐了。何必要正名分呢？"

孔子说："仲由，你这小子也太粗野了。君子对于他所不知道的事情，总是采取存疑的态度。名分不正，说起话来就不顺当；说话不顺当，事情就办不成；事情办不成，礼乐也就不能兴盛；礼乐不能兴盛，刑罚的执行就不会得当；刑罚不得当，百姓就无所适从。所以，君子一定要先定下名分，必须能够说得明白，说出来一定要能实行。君子对于自己的言行，从来不会马马虎虎对待。"

孔子认为，为政从"正名"开始。"正名"是孔子"礼制"的基础。"君君、臣臣、父父、子子"，次序建立起来了，说话才有人听，接下来的事情就迎刃而解了。

成语接龙

名正言顺 ——→ 顺水推舟 ——→ 舟车劳顿 ——→ 顿脚捶胸 ——→
胸怀大志 ——→ 志同道合 ——→ 合情合理 ——→ 理直气壮 ——→
壮志凌云 ——→ 云泥之别 ——→ 别有洞天 ——→ 天崩地裂

讷言敏行

原 文

子曰："君子欲讷①于言而敏②于行。"

——《论语·里仁》

注 释

①讷：迟钝，这里指说话要谨慎。
②敏：敏捷、快速。

成语小课堂

释 义 说话谨慎，办事敏捷。
注 音 nè yán mǐn xíng

近义词 谨言慎行
反义词 言过其实

成语故事

"孔门十哲"，其中四人以德行见长，分别是颜回、闵子骞、冉耕、冉雍。对于冉雍，孔子曾认为他具有人君的容度，可以做地方长官。这样评价弟子，在《论语》中是绝无仅有的，可见孔子非常看好他。

那究竟冉雍有何长处呢？有一回，有人这样说："冉雍这个人确实仁德，可惜不善辩。"孔子马上说道："何必要善辩呢？依仗着伶牙俐齿，动不动就和人辩论，只会招致别人的讨厌，这样的人我不知道他是不是能做到仁。"在孔子看来，只要有仁德就足够了，根本不需要能言善辩。嘴上夸夸其谈的人，内心不一定有仁德，而有仁德者则不必有辩才。要以德服人，而不是以嘴

服人。

冉雍气量宽宏，沉默厚重，这也正是孔子认为他"可使南面"的原因。

沉默寡言之人虽然一时不为人所认识，但金子总会发光。孔子就曾说过，给颜回授课时，颜回只是静静地坐着听，从来不提问题，看起来傻乎乎的样子，但事后观察他的行为，发现所讲的内容他都领会了，而且体现在了实际行动上。可见颜回天资极聪慧，就连能言善辩的子贡也坦率地说不敢与颜回相比。

所以，孔子总结道："君子欲讷于言而敏于行。"说话要谨慎，而行动要敏捷。

成语接龙

讷言敏行 → 行云流水 → 水到渠成 → 成竹在胸 →
胸无点墨 → 墨守成规 → 规行矩步 → 步步高升 →
升堂入室 → 室徒四壁 → 壁垒森严 → 严以律己

巧言令色

原文

子曰:"巧言、令色、足恭①,左丘明②耻之,丘亦耻之。匿怨③而友其人,左丘明耻之,丘亦耻之。"

——《论语·公冶长》

注释

①足恭:一说是两只脚做出恭敬逢迎的姿态来讨好别人;另一说是过分恭敬。这里采用后说。

②左丘明:姓丘,名明,因其父任左史官,故称左丘明。春秋末期著名的史学家,《左传》的作者。

③匿怨:对人怀恨在心而不表现出来。

成语小课堂

释义 用花言巧语和假装和善来讨好别人。巧言:熟于辞令;令色:相貌堂堂。

注音 qiǎo yán lìng sè

近义词 花言巧语、巧舌如簧

反义词 推心置腹、开诚布公

成语故事

左丘明是中国传统史学的创始人,被誉为"百家文字之宗、万世古文之祖",是中国史学的开山鼻祖。

他与孔子生活在同一时代,应该比孔子年长一些。孔子与其同好恶,称其为君子。左丘明对孔子也极为欣赏,甚至称他为当世之圣人。当初鲁定公想起用孔子,但又犹豫不决,想先征求一下"三桓"的意见,正好遇到了左丘明。左丘明对鲁定公说:"孔子是当今的圣人。圣人当政,那些小人就很难

保住自己的官位了。您要任用孔子，却又想和'三桓'商量，那无异于与虎谋皮。"鲁定公正是听从了左丘明的建议，没经"三桓"同意就直接任命了孔子。

孔子与左丘明惺惺相惜，所以孔子会说："花言巧语，装出好看的脸色，摆出逢迎的姿势，低三下四地过分恭敬，左丘明认为这种人可耻，我也认为可耻。把怨恨装在心里，表面上却装出友好的样子，左丘明认为这种人可耻，我也认为可耻。"

孔子对"巧言令色"极为反感，在《学而》篇中，就记载了他的一句话："巧言令色，鲜矣仁。"只会花言巧语，装出和颜悦色的样子，这种人很少有仁心。

为什么巧言令色就少仁呢？现在的人觉得不好理解，其实当初孔子的学生也觉得不好理解。有一个叫司马牛的弟子向孔子请教，怎样做才是"仁"。孔子说："仁者，其言也讱。"意思就是，仁人说话是慎重的。司马牛丈二和尚摸不着头脑，问："说话慎重，这就叫作'仁'了吗？"孔子说："做起来很困难，说起来能不慎重吗？"

"其言也讱"是孔子对于那些希望成为仁人的人提出的要求。仁者，其言行必须慎重，行动必须认真，一言一行都符合周礼。这也就不难理解孔子为何对巧言令色深恶痛绝了。

成语接龙

巧言令色 → 色厉内荏 → 荏弱无能 → 能上能下 →
下不为例 → 例行公事 → 事无巨细 → 细水长流 →
流言蜚语 → 语不惊人 → 人言可畏 → 畏首畏尾

求仁得仁

原文

冉有曰："夫子为^①卫君^②乎？"子贡曰："诺^③，吾将问之。"入，曰："伯夷、叔齐^④何人也？"曰："古之贤人也。"曰："怨乎？"曰："求仁而得仁，又何怨？"出，曰："夫子不为也。"

——《论语·述而》

注释

①为：这里是帮助的意思。
②卫君：指卫出公，姬姓，名辄。
③诺：表示同意的答应声。
④伯夷、叔齐：商朝末年孤竹国的两位王子。孤竹君死后，二人相互推让君位，先后逃离出国。历史上著名的贤人。

成语小课堂

释　义　求仁德便得到仁德。比喻理想和愿望实现。
注　音　qiú rén dé rén

近义词　天从人愿、如愿以偿
反义词　适得其反

成语故事

公元前493年，卫灵公去世了。当初卫灵公立其子蒯聩为太子，但蒯聩看不惯父亲的夫人南子，与家臣戏阳遬（sù）商议，要在朝会上刺杀南子。但事到临头，戏阳遬反悔，没有动手。蒯聩多次使眼色示意，被南子察觉。事情败露之后，蒯聩逃奔宋国，不久又投奔晋国赵氏。

灵公想另立小儿子郢为太子，但郢推辞了。灵公去世后，南子传灵公的遗命让郢即位，郢还是推辞不就，并推举蒯聩之子辄即位，是为卫出公。

蒯聩得知自己的儿子继位，就在晋国赵简子的护送下返回卫国，但卫出公六亲不认，派出军队阻击其父蒯聩，蒯聩兵败，跑到宿地自保。

蒯聩不肯善罢甘休，勾结内应，胁迫权臣孔悝召集群臣发动政变，卫出公被迫逃奔鲁国。于是，蒯聩自立为卫国君主，是为卫庄公。

面对这场闹剧，冉有问子贡说："老师会帮助卫国的国君吗？"子贡说："嗯，我去问他。"子贡进入孔子的房间，没有问当下卫国之事，而是问道："老师，伯夷、叔齐是什么样的人呢？"孔子说："古代的贤人。"子贡又问："他们失去了君位，心中有怨恨吗？"孔子说："他们求仁而得到了仁，怎么还会有怨恨呢？"子贡出来对冉有说："老师不会帮助卫君。"

伯夷、叔齐是商末孤竹君的两位王子。伯夷为长子，叔齐是三子。孤竹君年老，欲让三子叔齐继承王位。孤竹君死后，按照当时的常礼，长子应该即位。叔齐让位给伯夷，但伯夷却说："应该尊重父亲生前的遗愿，国君之位由叔齐继承。"于是伯夷放弃君位，逃出孤竹国。大家又推举叔齐作国君，叔齐说："我如当了国君，于兄弟不义，于礼制不合。"然后也逃出了孤竹国。伯夷与叔齐二人在半道上巧遇，都听说西伯昌有德，于是便一同前去考察。半路又遇到周武王伐纣，二人扣马谏阻。武王灭商后，他们耻食周粟，采薇而食，饿死于首阳山。

卫国君位之争，恰好与伯夷、叔齐兄弟互相让君位形成鲜明对照。孔子赞扬伯夷、叔齐，其实就是对卫出公父子违反等级名分之礼的强烈不满。

成语接龙

求仁得仁 → 仁至义尽 → 尽人皆知 → 知无不言 →
言谈举止 → 止沸益薪 → 薪尽火传 → 传为佳话 →
话不投机 → 机不可失 → 失魂落魄 → 魄散魂消

人而无信

原文

  子曰："人而无信，不知其可也。大车无輗^①，小车无軏^②，其何以^③行之哉？"

——《论语·为政》

注释

  ①輗（ní）：古代牛车车辕前端与车衡相衔接的部分。《朱子集注》称："大车，谓平地任载之车。辕端横木，缚輗以驾牛者。"

  ②軏（yuè）：古代马车上置于辕前端与车横木衔接处的销钉。《朱子集注》称："小车，谓田车、兵车、乘车。辕端上曲，钩衡以驾马者。"

  ③何以：以何，凭什么。

成语小课堂

释　义 做人却不讲信用。一般"人而无信，不知其可"连用。又作"言而无信"。

注　音 rén ér wú xìn

近义词 食言而肥、轻诺寡信、言而无信

反义词 一诺千金、言出必行

成语故事

  孔子说："人要是失去了信用或不讲信用，不知道他还可以做什么。就像高大的马车没有驾马的輗，小的马车没有驾马的軏，它靠什么行走呢？"

  仁、义、礼、智、信，作为儒家"五常"，虽然是到了汉代董仲舒的时候才正式定型，但孔子对信的重视丝毫不打折扣。有一次，子贡问怎样治理国家。孔子说："粮食充足，军备充足，老百姓信任统治者。"子贡说："如果不

得不去掉一项，在这三项中先去掉哪一项呢？"孔子说："去掉军备。"子贡说："如果不得不再去掉一项，那么这两项中去掉哪一项呢？"孔子说："去掉粮食。自古以来人总是要死的，如果老百姓对统治者不信任，那么国家就不能存在了。"后人朱熹对此做了阐述："民无食必死，然死者人之所必不免。无信则虽生而无以自立，不若死之为安。故宁死而不失信于民，使民亦宁死不失信于我也。"

由此可知，信为立身之本，不论是对个人，还是对国家。

成语接龙

人而无信——信口雌黄——黄粱美梦——梦寐以求——
求仁得仁——仁义之兵——兵荒马乱——乱坠天花——
花枝招展——展眼舒眉——眉清目秀——秀色可餐

如履薄冰

原文

曾子①有疾，召门弟子②曰："启③予足，启予手。《诗》云④：'战战兢兢，如临深渊，如履薄冰。'而今而后，吾知免⑤夫！小子⑥！"

——《论语·泰伯》

注释

①曾子：名参，字子舆，孔子晚期弟子之一。中国著名的思想家，儒家学派的重要代表人物，配享孔庙的"四配"之一，被后世尊奉为"宗圣"。

②门弟子：又称及门弟子、受业弟子，指登门求学的学生。

③启：开启，这里指曾子让学生掀开被子。

④《诗》云：以下三句引自《诗经·小雅·小旻》篇。

⑤免：指身体免于损伤。

⑥小子：对弟子的称呼。

成语小课堂

释　义　像走在薄冰上一样。比喻行事极为谨慎，存有戒心。

注　音　rú lǚ bó bīng

近义词　胆战心惊、谨言慎行、如临深渊

反义词　如履平地、履险如夷、胆大妄为

成语故事

《孝经·开宗明义章》中提到，有一天孔子在家闲坐着，曾子在一旁陪伴。孔子说："古代圣王有一种最高的德行、最重要的道理，用来顺服天下，老百姓因此和睦，君臣上下没有怨恨。你知道这种道德吗？"曾子离开座位

恭敬地回答："曾参不够聪明，怎么能够知道呢？"

孔子说："那你就听好了，孝道便是道德的根本，教化由此而产生。你坐下吧，我慢慢告诉你。人的躯干、四肢、毛发、皮肤，都是从父母那里接受来的，不敢使它们受到诽谤和损伤，这是实行孝道的开始。修养自身，推行道义，扬名到后世，使父母受到尊重，这是实行孝道的归宿。孝道，从侍奉父母开始，以服侍君主作为继续，成就自己忠孝两全才是最终归宿。"

曾子牢记先生的教诲，直到他病危之际，将他的学生叫到床前，对他们说："你们掀开被子看看我的脚，看看我的手，是否曾有损伤！《诗经》上说：'小心谨慎呀，要好像站在深渊旁边，好像踩在薄冰上面。'从今以后，我再也不需要担心自己的身体受到损伤了，弟子们！"

曾子以"孝"闻名，在此借用《诗经》里的三句，说明自己一生谨慎小心，避免损伤身体，能够对父母尽孝。作为一个孝子，应当极其爱护父母给予自己的身体，包括头发和皮肤都不能有所损伤，这就是"孝"的开始。曾子临死前让他的弟子看看自己的手脚，表明自己的身体完整无损，是一生遵守孝道的。可见，"孝"在儒家的道德规范当中是多么重要。

成语接龙

如履薄冰 ➡ 冰天雪地 ➡ 地大物博 ➡ 博览群书 ➡

书生之见 ➡ 见多识广 ➡ 广庭大众 ➡ 众口一词 ➡

词不达意 ➡ 意气相投 ➡ 投其所好 ➡ 好大喜功

三省吾身

原文

曾子曰："吾日三省①吾身。为人谋，而不忠②乎？与朋友交，而不信乎？传③，不习乎？"

——《论语·学而》

注释

①三省：多次检查，反省。三：这里指多次。
②忠：指对人尽心竭力。朱熹《论语集注》："尽己之谓忠。"
③传：指老师传授的学业。

成语小课堂

释　义　每日多次反省、检查自己。又作"一日三省"。
注　音　sān xǐng wú shēn

近义词　扪心自问、反躬自省
反义词　血口喷人、嫁祸于人

成语故事

　　曾子是孔子的学生，而在同门师兄弟中，能称"子"的凤毛麟角，同时曾子又是孔子的孙子子思的老师，而子思又是孟子老师的老师，可见曾子在儒家思想体系中的位置举足轻重。

　　《大学》和《孝经》均出自曾子之手。《大学》中指出："古之欲明明德于天下者，先治其国；欲治其国者，先齐其家；欲齐其家者，先修其身；欲修其身者，先正其心；欲正其心者，先诚其意；欲诚其意者，先致其知。"也就是儒家修身、齐家、治国、平天下的政治哲学体系。

而在这里，曾子给出了一个修身的方法，那就是"反省内求"。曾子说："我每天多次反省自己，为别人办事是不是尽心竭力了呢？同朋友交往是不是做到诚实可信了呢？老师传授给我的学业是不是复习了呢？"

春秋末期，社会变化十分剧烈，传统的思想观念受到了极大的冲击，也就是所谓的礼崩乐坏。孔子提出了自己的政治理想，然而实现这样的政治理想需要有符合这样政治理想的人，这也正是修身的意义所在。孟子就指出："行有不得者，皆反求诸己；其身正，而天下归之。"（《孟子·离娄上》）凡是行为得不到预期的效果，都应该反过来检查自己。只要自身端正了，天下人都会归服。

"忠"与"信"都是儒家思想的核心。忠的特点是"尽"，竭尽全力，毫无保留，也就是朱熹所说的"尽己之谓忠"。当时的"忠"并非专指对君主，而是包括对所有人。而"信"既指信任，也指信用。为人讲诚信、说真话是一个人立身处世的基石。

"三省吾身"被后来许多注重自身修养的人奉为座右铭。宋代洪迈的《逐贫赋》中说："三省吾身，谓予无愆。"每天多次反省自己，可以说我没有过失。陆游有《自警》诗："旦暮置规君勿怪，修身三省自先师。"

成语接龙

三省吾身 → 身败名裂 → 裂土分茅 → 茅塞顿开 →
开诚布公 → 公之于众 → 众望所归 → 归心似箭 →
箭在弦上 → 上善若水 → 水涨船高 → 高人一等

三思而行

原文

季文子三①思而后行。子闻之，曰："再②，斯③可矣。"

——《论语·公冶长》

注释

①季文子：季孙行父，鲁成公、鲁襄公时任正卿，"文"是他的谥号。三：再三，表示多次。

②再：两次。

③斯：就。

成语小课堂

释　义　指经过反复考虑，然后再去做。

注　音　sān sī ér xíng

近义词　深思熟虑、从长计议

反义词　贸然行事、草率从事、轻举妄动

成语故事

季文子是鲁国历史上的一位贤臣，在鲁国执国政三十三年，辅佐鲁宣公、鲁成公、鲁襄公三代君主。他执掌着鲁国朝政和财富，大权在握，却能一心安社稷，忠贞守节，克勤于邦，克俭于家。据《国语·鲁语》中记载，季文子身居位高权重的鲁国上卿大夫，掌握国政和统兵之权，有自己的田邑，但是他的妻子儿女没有一个人穿绸缎衣裳，他家里的马匹，只喂青草不喂粟米。

孟献子的儿子仲孙很不以为然，问季文子："你身为鲁国之正卿大夫，可是你的妻子不穿丝绸衣服，你的马匹不用粟米饲养，难道你不怕国中之人耻笑你吝啬吗？难道你不顾及与诸侯交往时会影响鲁国的声誉吗？"

季文子回答："我当然也愿意穿绸衣、骑良马，可是，我看到国内还有很多老百姓吃粗粮、穿破衣，我不能让百姓粗饭破衣，而我家里的妻子儿女却过分讲究衣着饮食。我只听说人们具有高尚品德才是国家最大的荣誉，没听说过炫耀自己的美妾良马会给国家争光。"

孟献子闻知，怒而将儿子仲孙幽禁了七天。受到管教的仲孙，也跟着季文子学习。在季文子的倡导下，鲁国朝野出现了俭朴的风气，并为后世所传颂。

季文子行事以谨小慎微著名，凡事总要三思而后行。据《左传》记载，鲁文公六年（前621年），季文子将要出使晋国，在准备好聘礼之后，又让属下"使求遭丧之礼以行"，随从都不理解，季文子解释道："有备无患，是前人留下的忠告。事先有所准备，而没有发生意外，那没有关系。万一发生了意外，而事先没有准备，那就要坏事了。"从中可见季文子的性格。

正因为如此，孔子在听说季文子凡事都要三思而行后说"考虑两次也就行了"。

然而，孔子的评论有点儿含糊，后人对孔子的评价是否有褒贬起了争议。朱熹就说，季文子"三思而后行"是为自己的私利考虑过多。但事实上，孔子对季文子总体上一直是肯定的。"三思"或者"再思"只是一个度的问题，关键在于所思要符合当时的礼制与规则。

成语接龙

三思而行━━▶行云流水━━▶水到渠成━━▶成千上万━━▶
万众一心━━▶心平气和━━▶和颜悦色━━▶色厉内荏━━▶
荏苒光阴━━▶阴阳怪气━━▶气冲斗牛━━▶牛鬼蛇神

死而后已

原文

曾子曰："士不可以不弘毅①，任重而道远。仁以为己任，不亦重乎？死而后已②，不亦远乎？"

——《论语·泰伯》

注释

①弘：广大。毅：强毅。
②已：停止。

成语小课堂

释　义　死了以后才停止。形容为完成一种责任而奋斗终身。
注　音　sǐ ér hòu yǐ

近义词　全心全意、鞠躬尽瘁
反义词　半途而废、三心二意

成语故事

曾子说："士不可以不弘大刚强而有毅力，因为他责任重大，道路遥远。把实现仁作为自己的责任，难道还不重大吗？奋斗终生，直到身死才能结束，难道路程还不遥远吗？"

践行以天下为己任的精神，最著名的代表便是三国时期的诸葛亮。他在"死而后已"之前又加了一个四字成语，组成了"鞠躬尽瘁，死而后已"的千古名言。

三国时期，曹魏国力最为强盛，而蜀汉最为弱小。偏偏关羽不肯听从诸葛亮与东吴和睦的策略，导致自己身首异处的下场，也让蜀国丢掉了荆州。

报仇心切的刘备一意孤行，使得蜀国再遭重创。等到白帝城托孤时，留给诸葛亮的是内外交困的局面和一个年幼无知、扶不起来的阿斗。在这危难关头，诸葛亮担起了蜀汉的全部责任，对内严明法纪，奖励耕战；对外安抚戎羌，东联孙吴，积极准备北伐曹魏。经过几年努力，蜀国力量有所加强，于是诸葛亮率军北驻汉中，以图中原。

就当时形势而言，且不说蜀魏两国实力悬殊，仅"劳师以袭远"这种策略也是兵家之大忌，但诸葛亮仍坚持铤而走险，先后六次统兵伐魏，并表现出百折不回的意志，其根本原因是北定中原、兴复汉室是先主刘备的遗愿。后主刘禅尽管昏庸无志，诸葛亮还要竭忠尽智地辅佐他，不存半点僭越之心。诸葛亮出师前两次上《出师表》，"鞠躬尽瘁，死而后已"便出自《后出师表》，其忠肝义胆日月可鉴。这不仅是他自身的写照，千百年来也激励无数的志士仁人为国家民族而奋斗，成为中华民族宝贵的精神财富。

成语接龙

死而后已——已登道岸——岸然道貌——貌合神离——
离心离德——德高望重——重于泰山——山盟海誓——
势不两立——立身扬名——名不虚传——传为笑谈

死而无悔

原文

子谓颜渊曰:"用之则行,舍之则藏①,惟我与尔有是夫!"

子路曰:"子行三军②,则谁与③?"子曰:"暴虎冯河④,死而无悔者,吾不与也。必也临事而惧⑤,好谋而成者也。"

——《论语·述而》

注释

①舍:舍弃。藏:隐退。

②行三军:统领大军。三军:周制规定,大诸侯国有上、中、下三军,这里泛指军队。

③与:在一起的意思。

④暴虎冯河:也是一个成语,比喻有勇无谋,鲁莽冒险。语出《诗经·小雅·小旻》:"不敢暴虎,不敢冯河。"暴虎:空拳赤手与老虎进行搏斗;冯河:过河不借助工具,即徒步涉水过河。冯:通"凭"。

⑤临事而惧:遇到事情便格外小心谨慎。惧:谨慎、警惕。

成语小课堂

释义 就是死了也不懊悔。形容态度坚决。

注音 sǐ ér wú huǐ

近义词 死而无憾

反义词 死不瞑目

成语故事

孔子对颜渊说:"如果当权者委以重任,我就大展身手,去干一番事业,实现自己的理想;如果当权者不用我,我也不抱怨,不失落,退回来保全自

己。也许只有我和你才能做到这样吧！"这也正是后来孟子所归纳的"穷则独善其身，达则兼济天下"，能进能退，能屈能伸。

一旁的子路听了不太乐意，就问孔子说："老师，那如果让您来统帅三军，在战场上与敌人兵戎相见，那您又会选择什么样的人与您共事呢？"孔子说："那些赤手空拳和老虎搏斗的人，不知深浅就徒步涉水过河的人，死到临头都不会后悔害怕，这样的人我是不会用的。我要找的，一定是遇事小心谨慎，善于谋划而能完成任务的人。"

子路是孔子门下的第一勇士，他武艺高强，作战勇敢。子路向老师提这样的问题，本意是希望得到老师的肯定。而孔子也知道子路的小心思，当头给他泼了一盆冷水。孔子知道子路勇敢不怕死，也很欣赏他这一点，但也常常为他担忧，怕他有勇无谋，身陷险境。

子路性格刚强，疾恶如仇，做事比较冲动，所以孔子一有机会就要敲打他。而"勇"也是孔子道德范畴中的一个德目，但"勇"不是一味逞强，而是"临事而惧，好谋而成"，这种人智勇兼有，符合"勇"的规定。

不过孔子对子路忠心不二、讲信义的品性深有了解，曾经这样说道："如果我的主张在这里都行不通，我就只能乘上木筏子到海外去。到时候能跟从我的大概只有子路吧！"有老师这样一句话，子路还有什么不满意的呢？

成语接龙

死而无悔 → 悔不当初 → 初试锋芒 → 芒刺在背 →
背义忘恩 → 恩断义绝 → 绝处逢生 → 生离死别 →
别开生面 → 面红耳赤 → 赤胆忠心 → 心神不定

是可忍，孰不可忍

孔子谓季氏①，八佾②舞于庭："是可忍也③，孰④不可忍也？"

——《论语·八佾》

注释

①季氏：这里指季孙意如。春秋时鲁国正卿，季氏，谥平，史称"季平子"。

②八佾（yì）：周代天子用的舞乐。舞队由纵横各八人，共六十四人组成。据《周礼》规定，只有周天子可以使用八佾，诸侯为六佾，卿大夫为四佾，士用二佾。佾：古代乐舞的行列。

③是：这个；可忍也：可以容忍。

④孰：哪个。

成语小课堂

释　义 与"是可忍"连用，表示连这样的事情都可以被容忍，还有什么是不能容忍的！形容不可容忍到了极点。

注　音 shú bù kě rěn

近义词 忍无可忍、深恶痛绝

反义词 忍气吞声、忍辱负重

成语故事

周朝得天下，为配合政治上维护宗周统治的分封制以及国运的长久，周公旦在意识形态领域进行了全面的革新，将上古至殷商的礼乐进行大规模的整理、改造，创建了一整套具体可操作的礼乐制度，将饮食、起居、祭祀、丧葬等社会生活各方面都纳入"礼"的范畴，形成系统化的社会典章制度和

行为规范，这便是让孔子无比神往的礼乐文化。

到了春秋末期，随着新兴力量的不断崛起，以周礼为代表的礼乐文化受到了极大的冲击，出现了礼崩乐坏的局面。以乐舞为例，按照周礼规定，天子可以用八佾，即八行八列，共六十四人所组成的乐舞队进行演奏和舞蹈；诸侯则用六佾，共四十八人；卿大夫用四佾，共三十二人；士则只能用二佾，即只有十六人。但当时的权贵却不把这一套放在眼里，鲁昭公时，飞扬跋扈的季平子将君主赶出了鲁国，摄行君位将近十年，俨然鲁国君主。

作为卿大夫，按照周礼，季平子本来只能用三十二人的乐舞队，可是他自比天子，在自家的庭院里用六十四人的乐舞队奏乐和舞蹈。这让孔子无法忍受。有一次，孔子评论季平子，谈到这件事的时候说："他违背周礼，竟然敢在自家的庭院里用六十四人的乐舞队表演乐舞，如果连这样的事情都可以被容忍，那还有什么是不能容忍的？"

后来，人们就用"是可忍，孰不可忍"来指代事情恶劣到了让人不能忍耐的地步。

成语接龙

孰不可忍 → 忍气吞声 → 声色犬马 → 马到成功 →
功成名就 → 就事论事 → 事不关己 → 己溺己饥 →
饥不择食 → 食不果腹 → 腹背受敌 → 敌众我寡

时不我与

原文

　　阳货①欲见孔子，孔子不见。归孔子豚②。孔子时其亡③也，而往拜之，遇诸涂④。谓孔子曰："来！予与尔言。"曰："怀其宝而迷其邦⑤，可谓仁乎？曰：不可。好从事而亟⑥失时，可谓知乎？曰：不可。日月逝矣，岁不我与⑦。"孔子曰："诺。吾将仕矣。"

——《论语·阳货》

注释

　　①阳货：又叫阳虎，季氏的家臣，当时执掌鲁国权柄。
　　②归孔子豚：赠给孔子一只熟小猪。归：赠送；豚：小猪。
　　③时其亡：等他外出的时候。
　　④遇诸涂：在途中相遇。涂：通"途"，道路。
　　⑤迷其邦：听任国家迷乱。
　　⑥亟：屡次。
　　⑦我与："与我"的倒装。与：在一起，等待。

成语小课堂

　　释　义　时间不会等待我们的。嗟叹时机错过，追悔不及。
　　注　音　shí bù wǒ yǔ

近义词 时不再来、时不我待
反义词 来日方长、亡羊补牢

成语故事

　　《论语》中有几个"乱臣贼子"，这里提到的阳货就是其中之一。阳货，

名虎，字货，是鲁国大夫季平子的家臣。当初鲁国大夫孟孙、叔孙、季孙都是鲁桓公的后代，故称"三桓"。鲁文公死后，三桓势力日益强盛，分领三军，实际掌握了鲁国的政权。所以到了孔子那时候，季氏已经几代掌握鲁国朝政了。季平子死后，季桓子继位。季桓子的宠臣仲梁怀和阳货有过隙。阳货就将越来越骄横的仲梁怀抓了起来。季桓子火了，要对阳货下手，而阳货先发制人，干脆连季桓子也抓了起来，后来与季桓子订立了盟约，才将其释放。至此，阳货掌握了季氏的家政，进而专权管理鲁国的政事。这就是所谓季氏僭于公室，而又由陪臣执国政。

　　这时的孔子名气已经很大了，阳货执掌国政，需要孔子来装点门面，于是想请孔子出山。在孔子看来，季氏、阳货均是犯上作乱，他不屑于与其为伍，于是躲了出去不见。

阳货也很有办法，他先给孔子送去了一只熟小猪。按照当时孔子极力主张的礼制，上位者给下位者送了礼，下位者必须亲自上门还礼。孔子当然知道阳货是在等着自己上门，断然不会落入他的圈套，于是就找了一个阳货不在家的机会，前往阳货家拜谢。

孔子自以为得计，殊不知人算不如天算，他在返回的路上却撞到了阳货。阳货当即喊住了孔子，说："你过来，我有话要跟你说。"孔子只得硬着头皮走过去。阳货说："自己有本领，却藏起来不用，任由国家混乱，这可以叫作仁吗？不可以。自己有从政的强烈意愿，却屡次错失机会，这可以说是智吗？不可以。时间一天天过去了，年岁是不等人的。"阳货以子之矛，攻子之盾，用孔子经常说的仁和智来讲道理，逼得孔子只得说："好吧，我将要去做官了。"

当然，孔子并没有在阳货手下任职。其后，阳货与公山弗扰共谋杀害季桓子，失败后逃往晋国。孔子则出任鲁定公的大司寇。

成语接龙

时不我与 —→ 与时俱进 —→ 进退两难 —→ 难能可贵 —→
贵不可言 —→ 言听计从 —→ 从一而终 —→ 终身大事 —→
事在人为 —→ 为渊驱鱼 —→ 鱼龙混杂 —→ 杂七杂八

慎终追远

原文

曾子曰："慎终①追远②，民德归厚矣。"

——《论语·学而》

注释

①慎终：老死为终，这里指父母的去世。
②远：指祖先。

成语小课堂

释　义　旧指慎重地办理父母丧事，虔诚地祭祀远代祖先。后也指谨慎从事，追念前贤。

注　音　shèn zhōng zhuī yuǎn

近义词 慎终思远
反义词 数典忘祖、数礼忘文

成语故事

子路曾向孔子请教，该怎样侍奉鬼神。孔子回答说："人都不能侍奉好，还谈什么侍奉鬼神？"子路碰了个钉子，又请教如何看待死，孔子回答说："生都不了解，还谈什么了解死？"

孔子生硬的口吻，其实透露出强烈的信息，那就是人应该更多地关注现实的世界、现实的生活。

孔子的名言"敬鬼神而远之"为人们所熟知，这表明孔子对于鬼神的存在，是采取一种两可的态度，不议论鬼神，却又不否定鬼神的存在。同时孔

子认为，祭祀时必须十分认真。与其说这是为了鬼神，不如说是为了现实生活中的人。对此，孔子的得意门生曾子心领神会，所以他说："谨慎地对待父母的去世，追念久远的祖先，自然会影响百姓日趋忠厚老实。"

在这里祭祀的不再是亡灵，而是把祭祀之礼看作一个人孝道的继续和表现，通过祭祀之礼，可以寄托和培养个人对父母和先祖尽孝的情感。儒家重视"孝"的道德，是因为"孝"是"忠"的基础，"忠"是"孝"的延伸和外化。一个不能对父母尽孝的人，他是不可能为国尽忠的。同时祭祀所体现的"礼"，又正是社会秩序的表征。通过这样的"礼"，使得社会与家庭得以安定。

成语接龙

慎终追远 —→ 远交近攻 —→ 攻其不备 —→ 备而不用 —→
用武之地 —→ 地广人稀 —→ 稀世之宝 —→ 宝刀未老 —→
老当益壮 —→ 壮志凌云 —→ 云泥之别 —→ 别有洞天

天下归心

尧曰："咨①！尔舜，天之历数在尔躬，允执其中②。四海困穷，天禄永终。"

舜亦以命禹。

曰："予小子履③，敢用玄牡④，敢昭告于皇皇后帝⑤：有罪不敢赦。帝臣不蔽，简⑥在帝心。朕⑦躬有罪，无以万方；万方有罪，罪在朕躬。"周有大赉⑧，善人是富。"虽有周亲⑨，不如仁人。百姓有过，在予一人。"

谨权量⑩，审法度⑪，修废官，四方之政行焉。兴灭国，继绝世，举逸民，天下之民归心焉。所重：民、食、丧、祭。宽则得众，信则民任焉，敏则有功，公则说。

——《论语·尧曰》

注释

①咨：感叹词，咂嘴表示赞誉。

②允执其中：真诚地坚持中庸之道，比喻真正做到恰到好处。允：真诚，诚信；中：不偏不倚。

③履：这里指商汤。商汤，子姓，名履，商朝开国君主。

④玄：黑色。牡：公牛。

⑤皇皇：大，伟大。后帝：指天帝。古代天子和诸侯都称"后"，到了后世，才称帝王的正妻为后。这里的"后"和"帝"是同一个概念。

⑥简：检阅，检查，这里是"知道"的意思。

⑦朕：我。从秦始皇起，专用作帝王自称。

⑧赉（lài）：赏赐，这里指周武王分封天下。

⑨周亲：至亲。

⑩权：秤锤，指量轻重的标准。量：斗斛，指量容积的标准。

⑪法度：指量长度的标准。

成语小课堂

释 义 获得全民的信任、支持。形容天下老百姓心悦诚服。

注 音 tiān xià guī xīn

近义词 众望所归

反义词 离心离德

成语故事

尧禅让帝位于舜时，感慨道："啧啧！舜啊，上天所定帝王列位已经传到了你的身上了。诚实地保持那中庸之道吧！假如天下百姓都陷入困苦和贫穷之中，上天赐给你的禄位就会永远终止。"

舜将王位禅让给禹时，也这样告诫过他。

商汤在祭天时祷告道："我小子履，斗胆虔诚地用黑色公牛来祭祀，向伟大的天帝祷告：有罪的人我不敢擅自赦免；作为天帝的臣仆，我自身的善恶也不敢掩蔽。天帝您明察秋毫，均能分辨。我本人若是有罪，不要牵连天下万方的百姓，天下万方的百姓若有罪，都归我一个人承担。"

周朝初立，大封诸侯，使善人都富贵起来。周武王说："我虽然有至亲，不如有仁德之人。百姓有过错，都在我一人身上。"

孔子回顾古代圣贤的作为，对当时的执政者这样说：认真检查度量衡器，周密地制定法度，恢复被废弃的官职与机构，全国的政令就会通行。恢复被灭亡了的国家，接续已经断绝了的家族，提拔被遗落的人才，天下百姓就会真心归服。国家所重视的四件事：百姓、粮食、丧礼、祭祀。宽厚就能得到众人的拥护，诚信就能得到别人的任用，勤敏就能取得成绩，公平就会使百姓欢喜。

成语接龙

天下归心 → 心神不宁 → 宁缺毋滥 → 滥竽充数 →
数短论长 → 长驱直入 → 入不敷出 → 出奇制胜 →
胜友如云 → 云程万里 → 里出外进 → 进退两难

无欲则刚

原文

　　子曰："吾未见刚者。"或对曰："申枨①。"子曰："枨也欲，焉得刚？"

——《论语·公冶长》

注释

　　①申枨（chéng）：姓申名枨，字周，孔子的学生。

成语小课堂

　　释　义　没有世俗的欲望，则能达到大义凛然的境界。
　　注　音　wú yù zé gāng

　　近义词　淡泊守志
　　反义词　贪生怕死

成语故事

　　孔子感慨道："我还真没有见过刚强的人。"一旁侍立的弟子中有人疑惑地问："申枨不是很刚强吗？"孔子说："申枨这个人欲望太多，怎么能称得上是刚强呢？"

　　按现在的说法，"无欲则刚"是指，一个无欲无求的人，自身便没有弱点；一个自身没有弱点的人，对手就没有办法让他屈服。

　　申枨留下的记载并不多，只知道他学习很刻苦，精通六艺，是"孔门七十二贤"之一，想必也是很有才华的。另外就是他喜欢与人辩论，而且从不轻易服输，即便在师兄面前，也是不愿意退让的。这也正是他的师兄弟们会认为申枨刚强的原因。

　　但孔子以申枨的欲望太多，否认了他的刚强，事实上申枨并不是贪爱钱财的人，所以弟子们仍然有疑惑。

　　在孔子眼里，刚强者不受世俗的欲念所羁绊，但是，欲望并不仅仅指贪爱钱财。如果心中没有明确的理念，只是争强好胜，整天想着压过对方，何尝不是一种"欲"？申枨年轻气盛，处处想显得比别人高明，所以孔子认为他是不足的。孔子所谓的"刚"，不是指不屈服、不服输，而是一种克制自己的本领。能够克制住自己的欲望，不管在任何环境中，都不违背天理，而且始终如一，不轻易改变，这才算是真正的无欲则刚。

成语接龙

无欲则刚 →→ 刚柔并济 →→ 济济一堂 →→ 堂堂正正 →→

正大光明 →→ 明哲保身 →→ 身体力行 →→ 行云流水 →→

水泄不通 →→ 通风报信 →→ 信以为真 →→ 真才实学

无为而治

原文

　　子曰："无为而治①者，其舜也与！夫②何为哉？恭③己正南面而已矣。"

——《论语·卫灵公》

注释

　　①无为而治：国家的统治者不必有所作为便可以治理国家了。
　　②夫：代词，他。
　　③恭：这里指端庄。

成语小课堂

释　义　自己无所作为而使天下得到治理。原指舜当政时，沿袭尧的主张，不做丝毫改变。后泛指以德化民。

注　音　wú wéi ér zhì

近义词 无为自化
反义词 奋发有为

成语故事

　　无为而治一般被认为是道家的学说。道家认为天地万物都由道化生，道的最根本规律就是自然，所以人类应该仿效大道，顺其自然。故老子主张："人法地，地法天，天法道，道法自然。"延伸到治国上，那便是"我无为，而民自化；我好静，而民自正；我无事，而民自富；我无欲，而民自朴"。统治者不要过多干预，让万民的创造力充分发挥，便能达到天下大治。到了战国时期稷下（战国时田齐的学宫）黄老之学兴盛，将老子的理论发扬光大，

形成了完整的治国理念，并在西汉初期得以实施，取得了良好的效果。

西汉初年的统治者吸取秦亡的教训，主张"反秦之弊，与民休息"。宽刑简政，轻徭薄赋，使汉初社会经济迅速得到复苏与发展，终于出现了封建时代的首个鼎盛时期——文景之治。

然而，主张积极进取的儒家也推崇无为而治。孔子说："能够无所作为而治理天下的人，大概只有舜吧？他做了些什么呢？只是庄严端正地坐在朝廷的王位上罢了。"

舜品德高尚，以德治理天下。他对老百姓很宽厚，多采用象征性的惩罚，犯了该割掉鼻子罪的人，让其穿上赫色衣服来代替；应该砍头的人，只许穿没有领子的布衣。为了让百姓懂得乐舞，舜派夔到各地去传播音乐。有人担心夔一个人不能担当重任，舜说："音乐之本，贵在能和。像夔（kuí）这样精通音律的人，一个就足够了。"夔果然出色地完成了任务。所以孔子认为，舜帝只需要端正地坐在王位上，就能天下归心。显然，儒家的无为而治并不是什么都不做，完全不管，而是包含了如下两层意思：一是强调领导者"为政以德"，从修养自身入手来治理国家和天下；二是作为领导者切忌事必躬亲，应该举贤授能，群臣分职。

成语接龙

无为而治 → 治病救人 → 人弃我取 → 取之不尽 →
尽心尽力 → 力不从心 → 心想事成 → 成名成家 →
家喻户晓 → 晓以利害 → 害群之马 → 马不停蹄

温良恭俭让

原文

子禽问于子贡①曰:"夫子至于是邦也②,必闻其政,求之与?抑③与之与?"

子贡曰:"夫子温、良、恭、俭、让④以得之。夫子之求之也,其诸⑤异乎人之求之与?"

——《论语·学而》

注释

①子禽:姓陈名亢,字子禽,孔子的学生。子贡:姓端木名赐,字子贡,卫国人,孔子的高足。

②夫子:这是古代的一种敬称,凡是做过大夫的人都可以取得这一称谓。孔子曾担任鲁国的司寇,所以他的学生们称他为"夫子"。邦:指当时的诸侯国家。

③抑:表示选择的连词,还是,或者。

④温、良、恭、俭、让:温顺、善良、恭敬、俭朴、谦让。

⑤其诸:语气词,表示推测、大概。

成语小课堂

释 义 意为温和、善良、恭敬、节俭、谦让这五种美德。这原是儒家提倡待人接物的准则。现也形容态度温和而缺乏斗争性。

注 音 wēn liáng gōng jiǎn ràng

近义词 温文尔雅、彬彬有礼

反义词 野蛮粗暴

　　陈亢因看见孔子每到一个国家必定熟悉这个国家的政治而感到很奇怪，就问师兄子贡："老师每到一国，总是很清楚这一国的政事。究竟是老师自己请求别人告诉他的呢，还是别人主动告诉他的呢？"

　　子贡说："国君认为我们的老师有温良恭俭让这五种美德，所以每到一个国家，这个国家的君主就会主动把国家的政事告诉老师，然后向他请教。哪里需要老师自己提出请求呢？老师用这样的方式求得知晓政事，应该与众不同吧！"

以自身的修养求得所需要的信息，确实是与众不同。孔子曾说过："君子有九思：视思明，听思聪，色思温，貌思恭，言思忠，事思敬，疑思问，忿思难，见得思义。"作为修养良好的君子，要有九个方面的思考：看的时候，要思考看清与否；听的时候，要思考是否听清楚了；自己的脸色，要思考是否温和；容貌，要思考是否谦恭；言谈的时候，要思考是否忠诚；办事要思考是否谨慎严肃；遇到疑问，要思考是否应该向别人询问；愤怒时，要思考是否有后患；获取财利时，要思考是否合乎义的准则。这一项项列出来的九思，其实正是修养的具体内容，其中就包括了温、良、恭、俭、让等。而这些优良品质，便是人生道路上的通行证。

这个陈亢，经常会提出一些有意思的问题。《论语》中还有一段描写，孔子的儿子伯鱼也师从孔子，陈亢觉得老师可能会给他自己的儿子开小灶，于是问伯鱼："你是否从老师那里得到过什么特别的教诲？"伯鱼回答说："没有呀！记得有一次他独自站在堂上，我快步从庭里走过，他喊住我，问道：'你学《诗》了吗？'我回答说：'没有。'他对我说：'不学诗，就不能开口说话。'于是我回去就学《诗》了。又有一次，他又独自站在堂上，我快步从庭里走过，他喊住我，问道：'你学礼了吗？'我回答说：'没有。'他对我说：'不学礼就不懂得怎样立身。'于是我回去就开始学礼。善于学业，他就对我说过这两件事。"

陈亢回去高兴地说："我提一个问题，得到三方面的收获：听了关于《诗》的道理，听了关于礼的道理，又听了君子不偏爱自己儿子的道理。"

成语接龙

温良恭俭让 ⟶ 让枣推梨 ⟶ 梨花带雨 ⟶ 雨过天晴 ⟶
晴空万里 ⟶ 里外夹攻 ⟶ 攻其不备 ⟶ 备尝艰苦 ⟶
苦不堪言 ⟶ 言谈举止 ⟶ 止戈散马 ⟶ 马到成功

望而生畏

子张①问孔子曰："何如斯可以从政矣？"子曰："尊五美，屏②四恶，斯可以从政矣。"

子张曰："何谓五美？"子曰："君子惠而不费，劳而不怨，欲而不贪，泰而不骄，威而不猛。"

子张曰："何谓惠而不费？"子曰："因民之所利而利之，斯不亦惠而不费乎？择可劳而劳之，又谁怨？欲仁而得仁，又焉贪？君子无众寡，无大小，无敢慢，斯不亦泰而不骄乎？君子正其衣冠，尊其瞻视③，俨然人望而畏之，斯不亦威而不猛乎？"

子张曰："何谓四恶？"子曰："不教而杀谓之虐；不戒视成谓之暴；慢令致期谓之贼；犹之④与人也，出纳之吝谓之有司⑤。"

——《论语·尧曰》

注释

①子张：颛（zhuān）孙师，字子张，"孔门七十二贤"之一。
②屏：去除。
③瞻视：外观，仪表。
④犹之：同样。
⑤出纳：支出。有司：管理某一具体事物的官吏，这里指治理政事不能像有司处理具体事务那样刻板琐细。

成语小课堂

释 义 看见了就害怕。

注 音 wàng ér shēng wèi

近义词 退避三舍、望而却步
反义词 和蔼可亲、无所畏惧

成语故事

　　子张虽然终身没有从政，但他跟随孔子学的却是干禄，可见他对此还是很有兴趣的。有一次他向孔子请教："一个人具备了什么样的条件，才可以从政呢？"孔子说："尊重五种美德，排除四种恶政，这样就可以从政了。"

　　子张又问："具体是哪五种美德呢？"孔子说："君子要给百姓以恩惠而自己却无所耗费；使百姓劳作而不使他们怨恨；要追求仁德而不贪图财利；庄重而不傲慢；威严而不凶猛。"

　　子张再问："怎样才算是给百姓以恩惠而自己却无所耗费呢？"孔子说："让百姓们去做对他们有利的事，这不就是对百姓有利而自己无所耗费吗？还有，选择可以让百姓劳作的时间和事情让百姓去做，这又有谁会怨恨呢？自己要追求仁德便得到了仁德，又还有什么可贪的呢？君子对人，无论多少，势力大小，都不怠慢他们，这不就是庄重而不傲慢吗？君子衣冠整齐，目不斜视，使人见了就生敬畏之心，这不就是威严而不凶猛吗？"

　　子张又问："那什么叫四种恶政呢？"孔子说："不经教化便加以杀戮叫作虐；不加告诫便要求成功叫作暴；不加监督而突然限期叫作贼；同样是给人财物，却出手吝啬，那是小官吏的做派。"

　　孔子的为官从政要领，包含丰富的民本思想，是孔子对德治、礼治社会的独到阐述。

成语接龙

望而生畏 ➝ 畏缩不前 ➝ 前合后仰 ➝ 仰屋著书 ➝
书香世家 ➝ 家至户到 ➝ 到此为止 ➝ 止沸益薪 ➝
薪尽火传 ➝ 传风扇火 ➝ 火烧眉毛 ➝ 毛举缕析

万仞宫墙

原文

叔孙武叔①语大夫于朝，曰："子贡贤于仲尼。"子服景伯②以告子贡。子贡曰："譬之宫墙③，赐④之墙也及肩，窥见室家之好。夫子之墙数仞⑤，不得其门而入，不见宗庙之美，百官⑥之富。得其门者或寡矣。夫子之云，不亦宜乎！"

——《论语·子张》

注释

①叔孙武叔：姬姓，叔孙氏，名州仇，谥号曰"武"，称叔孙州仇，史称叔孙武叔。春秋末年鲁国的司马，"三桓"之一。

②子服景伯：姬姓，名何，子服氏，谥景，字伯，鲁国大夫。

③宫墙：围墙。

④赐：这里指子贡，子贡名端木赐。

⑤仞：古代长度单位，以八尺或七尺为一仞。

⑥官：这里指房室。

成语小课堂

释 义 原指围墙有万仞高，后用以称颂孔子学识渊博高深，一般人无法领悟其中的奥妙。

注 音 wàn rèn gōng qiáng

近义词 高山仰止、学富五车
反义词 不学无术

鲁国的叔孙武叔在朝廷上对大夫们说："子贡比仲尼更贤明。"大夫子服景伯把这一番话告诉了孔子的学生子贡。子贡说："人的学问好比宫墙，我家的围墙只有齐肩高，别人很容易看到里面有多少东西。老师家的围墙却有几仞高，如果找不到门进去，你就看不见里面宗庙的富丽堂皇和房屋的美轮美奂。可是这世界上能够找到门进去的人并不多，所以叔孙武叔那么讲，不也是很自然吗？"

叔孙武叔是"三桓"之一，将孔子视为仇敌，他这么说其实是有用意的。当时鲁国操纵在三桓手中，鲁侯没有实权。孔子被鲁定公举为司寇，摄行相事。孔子与鲁定公密谋削弱"三桓"的势力，拆除"三桓"之城。但鲁定公势单力薄，最终孔子被排挤出了鲁国。

而子贡维护孔子则不遗余力。当叔孙武叔毁谤孔子时，子贡挺身而出说："这样做是没有用的！仲尼是毁谤不了的。别人的贤德就好比是丘陵，可以逾越。但仲尼的贤德就好比是日月，不可逾越。即使有人要自绝于日月，那对日月又有什么损害呢？只是更加显出他的不自量力罢了。"

子贡多才多艺，非常优秀。他有个好朋友叫陈子禽，有一天对子贡说："你太恭谦了吧，难道仲尼真比你还优秀吗？"

子贡说："君子可由一句话显出他的聪明，也可由一句话显出他的无知，所以出言不可不谨慎啊！我的老师是不可企及的，正像天不可用阶梯攀升一样。老师如果得国而为诸侯，或得封邑为卿大夫，那就会像人们说的那样，教百姓立于礼，百姓就会立于礼；引导百姓，百姓就会跟着走；安抚百姓，百姓就会来归附；动员百姓，百姓就会齐心协力。老师生而享有尊荣，死而令人哀痛，我怎么能赶得上他呢？"

子贡以维护老师、宣传老师学说为己任。有一次他出使齐国，齐景公问道："你的老师是谁？"子贡答道："是孔子。"齐景公再问："他有本事吗？"子贡说："岂止是有本事，他是圣人。"齐景公笑着再问："他的圣表现在什么地方？"子贡说："我不知道。"齐景公勃然大怒，喝道："你刚刚说他是圣人，

现在又说不知道圣在哪里，莫非是在戏弄我！"子贡说："臣一辈子头顶苍天，但不知道天究竟有多高；一辈子脚踏大地，但不知道大地究竟有多厚。臣拜孔子为师，就好比非常渴的时候拿起勺子从江海打水来喝，肚子里装满了水，又怎么知道江河有多深呢？"齐景公听得目瞪口呆，说："你这样吹捧你的老师，未免太过分了吧？"子贡说："臣岂敢言过其实，只怕是远远不够呢。我称誉我的老师，好比用两只手捧土堆在泰山上，显然泰山并不会因此而增高。我不称誉我的老师，最多也只是用双手刨去两捧土，泰山也丝毫不会因此而变低。"齐景公听了只得叹服。

正是因为子贡的不懈努力，孔子的学说得以传播得更广，因此司马迁说：孔子名扬于天下，子贡功不可没。

成语接龙

万仞宫墙 → 墙头马上 → 上下一心 → 心驰神往 →
往返徒劳 → 劳师动众 → 众望所归 → 归心似箭 →
箭无虚发 → 发扬光大 → 大步流星 → 星移物换

闻一知十

原文

子谓子贡曰："女①与回也孰愈②？"对曰："赐也，何敢望回？回也闻一以知十③，赐也闻一以知二。"子曰："弗如也，吾与④女弗如也。"

——《论语·公冶长》

注释

①女：你，第二人称代词。
②愈：更，胜过。
③十：指数的全体。
④与：赞同，同意。一说"和"，连词。

成语小课堂

释　义　听到一点儿就能理解很多。形容善于类推。
注　音　wén yī zhī shí

近义词 举一反三、触类旁通
反义词 一窍不通

成语故事

有一回，孔子对子贡说："你和颜回两个相比，谁更好一些呢？"

子贡回答说："我怎么敢和颜回相比呢？颜回他听到一件事就可以推知十件事；而我呢，知道一件事，只能推知两件事。我与他相比，差太远了。"孔子说："你是不如他呀，我同意你说的。你虽然也有许多长处，但确实还不如他。"

　　颜回与子贡，同为孔子的得意门生，都名列"孔门十哲"之中。但对于二人，孔子还是认为有高下的。颜回以德行胜，孔子夸赞颜回："贤哉，回也！一箪食，一瓢饮，在陋巷，人不堪其忧，回也不改其乐。贤哉，回也！"一顿只吃一小竹碗饭，也没什么菜，渴了就喝一瓢冷水，住在简陋的破房子里，换作别人早就愁死了，但颜回却能安贫乐道，境界确实是高。孔子还说："我向颜回讲授，一整天下来他从不提出异议和疑问，像是蠢笨的样子。然而我私下考察他日常生活中的言行，发现他在现实生活中已经实践我所讲授的观点，可见他并不蠢笨。"寡言笃行，精进不已，又是颜回的一大优点。

　　在"孔门十哲"中，子贡是以言语见长的。他能言善辩，但在当时，言语并不是随口说说的。孔子说过"不学《诗》，无以言"，不学好《诗经》，是连开口的资格都没有的。子贡能以言语见长，可见其对《诗经》的造诣必定很深。而要论实际能力，颜回其实是不能与子贡相比的，子贡除了语言能力超强，是个出色的外交家外，还能从政，更会经商，被誉为"儒商鼻祖"。

成语接龙

闻一知十 → 十全十美 → 美中不足 → 足智多谋 →
谋财害命 → 命在旦夕 → 夕阳西下 → 下里巴人 →
人仰马翻 → 翻来覆去 → 去伪存真 → 真凭实据

学而不厌

原 文

子曰："默而识①之，学而不厌②，诲人不倦③，何有于我哉④？"

——《论语·述而》

注 释

①识：记住的意思。
②学而不厌：学习总感到不满足，形容好学。厌：满足。
③诲人不倦：教导人特别有耐心，从不厌倦。诲：教诲。
④何有于我哉：对我有什么难呢？

成语小课堂

释 义 学习总感到不满足。形容非常好学。
注 音 xué ér bù yàn

近义词 手不释卷、虚心好学
反义词 好为人师

成语故事

说到学习，《中庸》中分为三种人，一种是生而知之，一种是学而知之，再一种是困而知之。生而知之者是天才，不需要学习，原本就无所不知；学而知之者是对学习有着自身的爱好，会主动去学；困而知之者是遇到问题了才去学习，虽然是被动的，但也不晚。

这个世界上是不是真的有生而知之的天才，孔子没有明确地说，也没有举出具体的例子来，他只是明白无误地说："我非生而知之者，好古，敏以求

之者也。"也就是说，他自己不是生来就什么都知道的人，而是一个爱好古代的东西，勤奋敏捷地去求得知识的人。

连孔子都不是生而知之的，那是否真有生而知之的天才呢？完全可以不必去纠结这个问题，每个人都应该通过自己的学习去掌握知识。孔子是用自己的事例向学生传授学习的态度和途径，从古代的典章制度和文献图书中去学习，默默地记住所学的知识，学习而不觉得厌烦，教人而不知道疲倦，从而成为学识渊博的人。

在学而不厌方面，孔子做出了很好的榜样，他不仅不耻下问，经常向他人请教，还曾经说过："加我数年，五十以学易，可以无大过矣。"就是说：再给我几年时间，到五十岁学习《周易》，我便可以没有大的过错了。

孔子自己说"五十而知天命"，他要在五十岁时学《周易》，就是要与"知天命"联系在一起。知天命了，自然不会有大错。其实孔子并不是到了五十岁才学《周易》，事实上他一直很认真地在学《周易》。《史记·孔子世家》中说，孔子"读《易》，韦编三绝"。他经常读《周易》，曾把穿竹简的皮绳翻断了很多次。这也充分表明了孔子学而不厌的精神。

成语接龙

学而不厌——→厌难折冲——→冲云破雾——→雾里看花——→
花香鸟语——→语重心长——→长绳系日——→日异月新——→
新陈代谢——→谢天谢地——→地主之谊——→谊切苔岑

血气方刚

原文

孔子曰："君子有三戒：少之时，血气未定，戒之在色；及其壮也，血气方刚①，戒之在斗；及其老也，血气既衰，戒之在得②。"

——《论语·季氏》

注释

①血气：精力。方：正。刚：强劲。
②得：这里指贪得无厌。

成语小课堂

释　义　形容年轻人精力正旺盛。
注　音　xuè qì fāng gāng

近义词　年富力强
反义词　未老先衰、老态龙钟

成语故事

"十有五而志于学，三十而立，四十而不惑……"是孔子自述他学习和修炼的过程——随着年龄的增长，思想境界逐步地提高。这个过程既得之于年龄的增长和阅历的积累，又得益于自身持续不断的努力。而在这里，孔子同样根据不同的人生阶段，提出了需要特别关注的三个方面：年少之时，血气还没有成熟，要戒除对女色的迷恋；等到身体成熟之年，血气方刚，争强好胜之心萌发，要戒除与人争斗；等到老年，血气开始衰弱了，更需要知足常乐，要戒除贪得无厌。孔子觉得，在人生的三个不同阶段，这三种事情最容

易伤身，作为君子尤其需要引以为戒。

这一段全是大白话，意思并不深奥。只是虽道理浅显，要做到却不容易。

成语接龙

血气方刚──→刚愎自用──→用武之地──→地广人稀──→
稀世之宝──→宝刀不老──→老之将至──→至高无上──→
上兵伐谋──→谋财害命──→命若悬丝──→丝丝入扣

循循善诱

原文

颜渊喟然①叹曰:"仰之弥②高,钻之弥坚。瞻之在前,忽焉在后。夫子循循然③善诱人,博我以文,约我以礼,欲罢不能。既竭吾才,如有所立卓尔④,虽欲从之,末由⑤也已。"

——《论语·子罕》

注释

①喟然:叹息的样子。
②弥:更加。
③循循然:有顺序的样子。
④卓尔:直立高峻的样子。
⑤末由:指无方可遵,无章可循。末:没有;由:遵循。

成语小课堂

释　义　指善于引导别人进行学习。
注　音　xún xún shàn yòu

近义词 谆谆教导、诲人不倦、教导有方
反义词 放任自流、不教而诛

成语故事

颜渊对自己的老师极为崇拜,曾感叹道:"老师的学问和道德,抬头仰望,越觉得高;越用力钻研,越觉得深。望过去好像在前面,忽然间又像在后面。老师善于有步骤地引导我,用各种文献来丰富我的知识,用礼节来约束我的行为,使我想停止学习都不可能。我已经竭尽了我的才力,但似乎这

学识仍高高地耸立在我面前，到了这地步，虽然想再进一步，却不知道该怎么办了。"

类似的记载还出现在《庄子·田子方》中，而且更加形象："夫子步亦步，夫子趋亦趋，夫子驰亦驰，夫子奔逸绝尘，而回瞠若乎后矣。"孔子一直在前方引路，颜渊始终努力追随，不敢有丝毫懈怠。颜渊谦虚地认为自己赶不上老师的才华，而孔子再三肯定颜渊，认为他已经得了自己的精髓。

至于颜渊谈到孔子对学生的教育方法，"循循善诱"则成为日后为人师者所遵循的主要原则。

成语接龙

循循善诱——诱敌深入——入不敷出——出人头地——
地大物博——博古通今——今非昔比——比比皆是——
是非曲直——直言不讳——讳莫如深——深仇大恨

欲速不达

原文

　　子夏为莒父宰①，问政。子曰："无欲速，无见小利。欲速则不达，见小利则大事不成。"

——《论语·子路》

注释

　　①子夏：姓卜，名商，字子夏，后亦称"卜子夏"，"孔门十哲"之一。莒（jǔ）父：鲁国的一个城邑，在今山东省莒县境内。

成语小课堂

释　义　想求快速，反而不能达到目的。

注　音　yù sù bù dá

近义词　拔苗助长、适得其反
反义词　一蹴而就

成语故事

　　子夏也是孔子的得意门生，是孔子后期学生中的佼佼者。他才思敏捷，在"孔门十哲"中名列"文学"科。要知道在他之前有那么多的师兄，他却后来居上，位列"孔门十哲"，足以见得子夏的出类拔萃。

　　有一回，子夏向老师请教《诗经》中的"巧笑倩兮，美目盼兮，素以为绚兮"该如何理解，孔子答以"绘事后素"，意思是"有了白净的底子，就能画绚丽的色彩"。子夏顿时有了联想，问："那么礼乐是否产生在仁义之后呢？"孔子大为赞赏，说："商啊，你可真是启发了我，现在我可以与你探讨

《诗》了。"

　　子夏在"孔门十哲"中比较特殊，首先他追随孔子比较晚，因为他比孔子小四十四岁。其次他寿命比较长，活了一百多岁，正因为如此，子夏在传承孔子思想方面有着特殊的贡献。他一生博学笃志，孔子去世之后，他不遗余力地弘扬孔子学说，形成子夏氏一派。孔子之后，儒家分出八个支系，其中并不包括子夏，但韩非子认为"儒分为八"不及子夏之儒。汉代以来，学者大多认为，儒家的经学最初主要是从子夏一派传授下来的。晚年时子夏到魏国西河讲学，像吴起这样卓有成就的人就出自他的门下。

　　这一回，子夏是要去莒父当地方总管，临行前向孔子请教为政之道。孔子说："不要求快，不要贪求小利。求快反而达不到目的，贪求小利就做不成大事。"

　　"欲速则不达"，包含了深刻的辩证思想，值得很好地记取。

成语接龙

欲速不达 —— 达官贵人 —— 人浮于事 —— 事必躬亲 ——
亲密无间 —— 间不容发 —— 发扬光大 —— 大政方针 ——
针锋相对 —— 对症下药 —— 药到病除 —— 除恶务尽

愚不可及

原 文

子曰："宁武子①，邦有道则知②，邦无道则愚。其知可及③也，其愚不可及也。"

——《论语·公冶长》

注 释

①宁武子：姓宁名俞，卫国大夫，"武"是他的谥号。
②邦：指当时的诸侯国。知：通"智"，聪明。
③及：指从后头跟上。

成语小课堂

释 义 原指人为了应付不利局面假装愚痴，以免祸患，为常人所不及。后用来形容人极端愚蠢。

注 音 yú bù kě jí

近义词 愚昧无知、笨头笨脑
反义词 足智多谋、大智若愚

成语故事

宁武子生活在一个礼崩乐坏的时代，卫懿公好鹤误国，北狄攻占了卫国的朝歌城，宁武子及家人随逃难的人群一路东奔。后来卫文公在齐桓公的帮助下复国，宁武子受到了卫文公的重用，成为当时有名的贤大夫。孔子对宁武子极为欣赏，说他"邦有道则知，邦无道则愚。其知可及也，其愚不可及也"。按照一般的理解就是，宁武子这个人，当国家政治开明的时候，就发

挥聪明才智来为国效力；当国家政治黑暗的时候，便装傻犯糊涂。宁武子的聪明是别人可以达到的，可他那种"愚"却是一般人无法企及的。就字面上讲，这种解释是通的，而且孔子也说过"危邦不入，乱邦不居。天下有道则见，无道则隐"。孔子与宁武子的为官处世之道似乎也是一致的。

然而，根据宁武子的实际情况，却有疑问了。在政治清明的卫文公时期，宁武子应该是有所建树的，但史书却没有什么记载。相反到了乱世，卫成公时期，宁武子并没有装傻以自保，相反做了好几件出彩的事情。

在晋楚争霸之际，卫成公站错了队，投靠了楚国。"城濮之战"晋国大胜，卫成公闻讯从卫国出奔他处，让元咺（xuān）辅佐卫成公的弟弟叔武处理卫国政事。晋文公顺道攻取了卫国，并与宋国共分其地。在卫成公出奔期间，宁武子一直跟随在他身边。在亡国之际，宁武子运用其政治智慧多方周旋，最终让卫成公复国。在这过程中，卫成公多次添乱，使得险象环生。他听信谗言，杀了元咺之子元角，与元咺结下了仇怨。晋文公当上霸主之后，在温地主持诸侯会盟，其中一件很重要的事就是商议如何处置卫成公。晋文公坚持要将卫成公处死，但周襄王没有同意。晋文公又想让御医"鸩杀"卫成公。这个时候，是宁武子贿赂了御医，让他在下药时减少剂量，保住了卫成公一命。

可见在"邦无道"的时期，宁武子没有装傻明哲保身，而是每每在关键时刻挺身而出，为国担当。对于宁武子的智与愚，朱熹在《论语集注》中说："文公有道，而武子无事可见，此其知之可及也。成公无道，至于失国，而武子周旋其间，尽心竭力，不避艰险。凡其所处，皆智巧之士所深避而不肯为者，而能卒保其身以济其君，此其愚之不可及也。"意思是说，在卫文公的清平之世，没看到宁武子有什么特殊的功绩，可见他的智是一般人能达得到的。可在乱世之际，卫成公无道，失掉了卫国，宁武子却挺身而出，周旋其间，尽心竭力，不避艰险。宁武子所面对的凶险，都是"聪明人"极力回避的，但他最终拯救了国家，拯救了君主，也保全了自己。在乱世中有勇气担当，这种"愚"恰恰是很多人做不到的，但是孔子赞赏这种"愚"。

成语接龙

愚不可及 —→ 及时行乐 —→ 乐不可支 —→ 支离破碎 —→
碎骨粉身 —→ 身经百战 —→ 战无不胜 —→ 胜券在握 —→
握手言欢 —→ 欢天喜地 —→ 地广人稀 —→ 稀奇古怪

一以贯之

原文

　　子曰："参①乎! 吾道一以贯②之。"曾子曰："唯。"子出，门人问曰："何谓也? "曾子曰："夫子之道，忠恕③而已矣。"

——《论语·里仁》

注释

　　①参：曾子，名参，字子舆。
　　②贯：贯穿。
　　③忠恕：忠诚、完善，儒家的道德规范。忠：谓尽心为人；恕：谓推己及人。

成语小课堂

　　释　义　指用一个根本性的事理贯通事情的始末或全部的道理。
　　注　音　yī yǐ guàn zhī

　　近义词 万法归宗、始终如一
　　反义词 杂乱无章、虎头蛇尾

成语故事

　　颜渊早逝，此后最能领会孔子思想的便是曾子了，所以孔子比较喜欢与曾子交流。

　　有一次，孔子对曾子说："参啊，我讲的道是由一个基本的思想贯彻始终的。"曾子说："是的，我明白。"

　　他二人像是在打哑谜，旁人就听不懂了。孔子出去之后，其他的门徒便来

问曾子："老师说的是什么意思？"曾子说："老师所说的大道，就是忠恕罢了。"

忠恕之道是孔子思想的核心，对此朱熹做了解释：尽己之谓忠，推己之谓恕。其实"忠恕"是一个问题的两个方面，相互包含，相辅相成。"忠"是从正面来说的，就是"己欲立而立人，己欲达而达人"，自己想要有所作为，就尽心尽力地让别人也有所作为；自己想飞黄腾达，也尽心尽力地让别人飞黄腾达。"恕"是从反面来说的，就是"己所不欲，勿施于人"，自己不想要的，也不要强加给别人。这也就是将心比心，推己及人。"忠恕"是儒家处理人与人之间关系的基本原则，是"仁"的具体运用，所以孔子将"忠恕"合在一起，并一以贯之。

成语接龙

一以贯之 —→ 之死靡二 —→ 二三其德 —→ 德高望重 —→
重于泰山 —→ 山高水长 —→ 长命百岁 —→ 岁稔年丰 —→
丰衣足食 —→ 食不果腹 —→ 腹背受敌 —→ 敌众我寡

一匡天下

　　子贡曰："管仲非仁者与？桓公杀公子纠，不能死，又相之。"子曰："管仲相桓公，霸诸侯，一匡①天下，民到于今受其赐。微②管仲，吾其被发左衽③矣。岂若匹夫匹妇之为谅④也，自经于沟渎⑤而莫之知也。"

——《论语·宪问》

注 释

①匡：匡正。
②微：无，没有。
③被发左衽（rèn）：指当时少数民族的装束。被：通"披"；衽：衣襟。
④谅：遵守信用，这里指拘泥于小节小信。
⑤自经：上吊自杀。渎：小沟渠。

成语小课堂

释　义　纠正混乱局势，使天下安定下来。
注　音　yī kuāng tiān xià

近义词 一统天下
反义词 四分五裂

成语故事

　　管仲虽然尊王攘夷，辅助齐桓公成就了霸业，但他自己却是个颇有争议的人物。早年他与鲍叔牙一同经商，赚了钱总要多分自己一些；从军之后，三次临阵逃脱。像这样的事情自然令人不齿。

如何评价管仲，是孔门师徒感兴趣的话题。子贡认为孔子特别注重德行，应该不认同管仲，便问道："管仲不能算是仁人了吧？齐桓公杀了他的主子公子纠，他非但没有为公子纠殉死，反而做了齐桓公的国相。"

孔子却说："管仲辅佐桓公，称霸诸侯，匡正了天下，百姓到了今天还在享受他带来的好处。如果没有管仲，恐怕我们也要披散着头发，衣襟向左开，被野蛮人奴役呢。担负天下大任者，哪能像普通百姓那样恪守小节，自杀在小山沟里，而谁也不知道呀。"

同样的问题，子路也问过孔子。子路说："齐桓公杀了公子纠，同为家臣的召忽自杀以殉，但管仲却没有自杀。管仲不能算是仁人吧？"孔子回答："桓公多次召集各诸侯国的盟会，不是凭借武力，而是靠管仲的力量啊。这就是他的仁德，这就是他的仁德！"

成语接龙

一匡天下 → 下车伊始 → 始乱终弃 → 弃暗投明 →
明目张胆 → 胆大包天 → 天马行空 → 空前绝后 →
后起之秀 → 秀外慧中 → 中庸之道 → 道听途说

有始有终

子游①曰："子夏②之门人小子，当洒扫应对进退则可矣，抑③末也。本之则无，如之何？"

子夏闻之，曰："噫，言游过矣！君子之道，孰先传焉？孰后倦④焉？譬诸草木，区以别矣。君子之道，焉可诬⑤也？有始有卒者，其惟圣人乎？"

——《论语·子张》

注 释

①子游：姓言，名偃，字子游，"孔门十哲"之一。
②子夏：姓卜，名商，字子夏，"孔门十哲"之一。
③抑：但是，不过，表转折。
④倦：教诲。
⑤诬：歪曲。

成语小课堂

释 义 有开头也有收尾。指做事能坚持到底。
注 音 yǒu shǐ yǒu zhōng

近义词 善始善终、有头有尾、始终如一
反义词 虎头蛇尾、一曝十寒、半途而废

成语故事

子游、子夏同为孔子高足、"孔子十哲"中人，皆以文学见长，而且年龄也相仿，但二人似乎有些互不服气。有一回子游说："子夏的那些学生，让他

们做些洒水扫地和迎送宾客的事，那还是可以的，但这些不过是细枝末节罢了，关于根本的道理却没有学到，这怎么行呢？"

这话传到子夏耳中，他却不接受，说："唉，子游错了！君子之道，哪里有规定什么内容一定要先传授，哪些内容要后教诲呢？各个弟子的学业情况其实就像草木，都是要分类区别的。君子之道，怎么可以随意歪曲？能够有始有终、由大到小、按照次序教授学生的，大概只有圣人吧！"

子游和子夏都像老师孔子一样招收了许多弟子，两人在教授学生的问题上起了争执，其实并不奇怪。

成语接龙

有始有终 —→ 终南捷径 —→ 径一周三 —→ 三五成群 —→
群龙无首 —→ 首当其冲 —→ 冲冠怒发 —→ 发号施令 —→
令人发指 —→ 指鹿为马 —→ 马首是瞻 —→ 瞻前顾后

言信行果

原文

子贡问曰："何如斯可谓之士①矣？"子曰："行己有耻，使于四方，不辱君命，可谓士矣。"

曰："敢问其次。"曰："宗族称孝焉，乡党称弟焉。"

曰："敢问其次。"曰："言必信，行必果②，硁硁③然小人哉！抑亦可以为次矣。"

曰："今之从政者何如？"子曰："噫！斗筲之人④，何足算也？"

——《论语·子路》

注释

①士：士在周代贵族中位于最低层。此后，"士"成为古代社会知识分子的通称。

②果：结果，引申为坚持到底。一说果断、坚决。

③硁硁（kēng kēng）：象声词，敲击石头的声音。这里引申为像石块那样坚硬。

④斗筲（shāo）之人：比喻器量狭小的人。筲：竹器，容一斗二升。

成语小课堂

释 义　说了就一定守信用，做事一定要坚持到底。

注 音　yán xìn xíng guǒ

近义词 一诺千金

反义词 言而无信

春秋战国时期，战乱频仍，社会剧烈动荡，而主宰沉浮的是一个特殊的阶层——士。士、农、工、商，士作为四民之首，不需要像其他阶层那样从事实际的生产活动，但他们又不像贵族卿大夫那样，有自己的封邑，可以坐享其成。他们需要自己读书学本事，有一技之长，而服务于统治者。所以兼并之风越刮越猛之际，士就成为统治者争夺的首要目标，士的价值日益凸显，养士成了当时的时尚。

当然，士也分三六九等，子贡向老师请教："怎样的人才算得上是优秀的士？"孔子说："自己在做事时有知耻之心，出使外国各方，能够完成君主交付的使命，这样就可以算是优秀的士了。"

子贡又问："那次一等的又是怎样的呢？"孔子回答道："宗族中的人称赞他孝顺父母，乡党们称他尊敬兄长。"

子贡再问："请问再次一等的呢？"孔子说："说出口的事情，一定要守信用；答应要做的事，一定要坚持到底。这是不问是非曲直，只管固执己见的小人啊！但也可以算是再次一等的士了。"

子贡说："现在的执政者，您看怎么样？"孔子说："唉！这些器量狭小的人，哪里能算得上呢？"

在孔子看来，所谓的士，首先是有知耻之心、不辱君命的人，有能力担负国家使命。其次是孝敬父母、顺从兄长的人。再次则是"言必信，行必果"的人。至于那些当政者，肉食者鄙，都是些器量狭小的人，实在不值一提。

言信行果 → 果如其言 → 言归于好 → 好景不长 →
长久之计 → 计上心头 → 头头是道 → 道听途说 →
说三道四 → 四海为家 → 家长里短 → 短兵相接

言必有中

原文

鲁人为长府①。闵子骞②曰："仍旧贯③，如之何？何必改作？"子曰："夫人④不言，言必有中⑤。"

——《论语·先进》

注释

①鲁人：这里指鲁国的当权者。为：这里是改建的意思。长府：指鲁国的国库。

②闵子骞：名损，字子骞，孔子高徒，在孔门中德行与颜回并称，为"孔门十哲"之一。

③仍旧贯：沿袭老样子。贯，通"惯"。

④夫（fú）人：这个人。夫：句首语气词。

⑤中（zhòng）：中肯、在理、正确。

成语小课堂

释 义 一说话就能说到点子上，切中要害。

注 音 yán bì yǒu zhòng

近义词 一针见血、切中要害、鞭辟入里

反义词 词不达意、废话连篇、语无伦次

成语故事

孔子对自己的学生要求很严格，一有不对就会提出批评，即便是对子路、子贡这样忠心耿耿、助他良多的学生，批评起来也毫不留情。但孔子也有不批评的学生，一个是颜回，一个是闵子骞，而此二人，均为"孔门十哲"中

167

以德行见长的人。

相比于颜回，我们对闵子骞可能有点陌生，但他在中国历史上也是鼎鼎大名的。闵子骞年少时母亲便死了，父亲娶了后娘，又生了两个弟弟。后娘偏心眼，对自己亲生的孩子百般疼爱，对闵子骞却特殊对待。有一年冬天，后娘给闵子骞做棉袄，里面装的都是芦苇花绒，看起来挺厚，其实一点儿都不暖和。有一天，闵子骞给父亲驾车，在寒风中冻得直哆嗦，失手把缰绳掉到地上，马车失去了控制。父亲见了很生气，觉得他穿着这么多，还连缰绳也抓不住，便举起马鞭子向闵子骞身上抽。这一鞭子下去把棉袄抽破了，里面飞出来的尽是芦花。父亲知道自己冤枉了闵子骞，回到家后，把后娘生的儿子叫来，发现他们穿得都很暖和，就对子骞的后娘说："我娶你的原因，是为了我的儿子好，现在你欺骗我，让我的儿子受冷，你走吧，不要再留在我家。"子骞上前说道："如果母亲留在我家，就只有我一个儿子受寒；如果母亲离我们而去，三个儿子就都会受寒啊。"他的父亲听后沉默了，最后没让子骞的后娘走。后娘也痛改前非，平等对待闵子骞。

孔子十分赞赏闵子骞的行为，说："孝哉，闵子骞！人不间于其父母昆弟之言。"闵子骞的故事也因此被列入《二十四孝》中。

闵子骞虽然很有才能，却不愿意出来做官。当初鲁国的权臣季孙氏要他出任费宰，他坚决拒绝，甚至表示宁愿流亡国外。至于这次鲁国翻修长府的国库，闵子骞道："现在这样就好好的，何必还要翻新呢？"孔子又是十分赞赏，说："闵子骞这个人平日不大开口，一开口就说到要害上。"师生二人都关心百姓疾苦，对统治者穷奢极欲表示不满。

成语接龙

言必有中 → 中庸之道 → 道不拾遗 → 遗臭无穷 →
穷途末路 → 路见不平 → 平心静气 → 气壮如牛 →
牛头马面 → 面目全非 → 非同寻常 → 常鳞凡介

择善而从

原 文

    子曰："三人行，必有我师焉。择其善者而从①之，其不善者而改之。"

——《论语·述而》

注 释

    ①从：追随，引申为学习。

成语小课堂

    释 义 采纳正确的意见或选择好的方法加以实行。
    注 音 zé shàn ér cóng

近义词 见贤思齐、从善如流
反义词 东施效颦、沆瀣一气

成语故事

    "三人行，必有我师"，这话听起来似乎有些绝对，人还有君子小人之分，贤与不肖之分，怎么随随便便走在路上的三人其中就一定有可以做自己老师的呢？

    其实孔子讲的是学习的态度问题。老师不仅仅是课堂上授课的人，在日常生活中也无处不在。每个人都有所长，也有所短，只有善于向别人学习的人才能够不断进步。

    孔子不仅是这么说的，也是这么做的。有一天，孔子去太庙参加鲁国国君的祭祖典礼。他一进太庙，就向别人询问祭祖典礼的事，几乎把每个细节

都问到了。当时有人讥笑他说："谁说'鄹（zōu）人之子'（孔子的父亲做过鄹县的县官，所以孔子被人这么称呼）懂得礼仪，他来到太庙还不是什么事都要向别人询问。"孔子知道后一点儿也没有感到羞耻，微笑着说道："对于自己不明白的事，必定要向别人虚心请教，这恰恰是知礼的表现。如果明明不知道，却假装知道，耻于向别人请教，那就永远不会懂礼了。"

史籍中有许多孔子向老子请教的记载，此外，孔子为了增长学问和见识，曾向许多人拜师学习。他向郯（tán）子请教过官名，向苌弘学习过音律，跟师襄学习过操琴。也正是这样广泛而谦虚的学习，成就了孔子渊博的学问。

除了正面的学习之外，区分善与不善同样重要。好的方面要学习，不好的方面可以作为镜子，引以为戒。由此看来，"三人行，必有我师"也就顺理成章了。

成语接龙

择善而从—→从一而终—→终身大事—→事无巨细—→
细水长流—→流言蜚语—→语重心长—→长此以往—→
往返徒劳—→劳而无功—→功成名就—→就虚避实